Das am Fluss Natisone gelegene Cividale del Friuli hat ein beachtliches historisches wie kunstgeschichtliches Erbe vorzuweisen *(→ S. 56).*

Friaul-Julisch **Venetien** im Nordosten Italiens war immer eine Grenzregion – zuletzt am Rande des Eisernen Vorhangs, am Rande Mitteleuropas. Das hat sich in den vergangenen zwanzig Jahren geändert. Die Region ist heute wirtschaftlich auf der Überholspur – und eines der touristisch noch wenig entdeckten Gebiete Italiens. Kommt man aus dem Norden, sieht die Region verschlossen, fast abweisend aus: Die Berge – die **Julischen** und **Karnischen Alpen** und die **Dolomiten** – erstrecken sich in schneebedeckte Höhen, die Flanken sind bewaldet, und in den Tälern, die von Flüssen durchschnitten werden, weiden die Kühe. Hier, in **Carnia** oder im **Tarvisiano**, war immer Bauernland. Es waren Landstriche, die nur durch Mautgebühren der Passstraßen und Bergbau zu etwas Reichtum gelangten. Heute haben die Menschen in diesen Tälern eine neue Einkunftsquelle entdeckt: Sie leben vom Tourismus. Im Sommer wird die Gegend von Wanderern und Mountainbikern besucht, im Winter von Skifahrern.

Weiter südlich, wo die Berge der Ebene Platz machen, an den Ufern der Flüsse **Tagliamento**, **Isonzo** oder **Stella**, gedeihen Getreide und Gemüse, aber auch Reben für die friulanischen Weine, hier reifen die Schinken von San Daniele. Rund um Städte wie **Udine** und **Pordenone** hat sich eine moderate Industrie breit gemacht. Und aus dem Südosten der Region, zwischen Udine und der slowenischen Grenze, kommen einige der besten Weine Italiens. An der Küste der **Adria** schließlich wechseln sich renommierte Badeorte wie **Lignano** und **Grado** ab mit Lagunen und Naturparks, Fischerdörfer wie **Marano** mit geschäftigen Industriehäfen wie **Monfalcone**.

Triest – die »Hauptstadt« Mitteleuropas

Ein Kapitel für sich ist **Triest**, die wohl mitteleuropäischste der italienischen Städte: Ihre historische Nähe zu Wien sieht man daran, dass sich gerade hier eine ähnliche Kaffee- und Kaffeehauskultur bewahrt hat. Die Mondänität Triests und die Grandezza des **Schlosses Miramare** stehen im wohltuenden Gegensatz zur Ursprünglichkeit ihres Hinterlandes – des **Karstes**.

Zu Recht kann man sagen, das Friaul sei ein Gebirgsland, ebenso zu Recht ein Badeparadies, als das es auch in den Katalogen der Reiseveranstalter angepriesen wird; genauso ist es reich an Kultur und Kunst und ein ideales Reiseziel für jene, die die Wahrheit im Wein suchen.

All diese Vielfalt kann man in diesem kleinen Land in einer Distanz von maximal zweieinhalb Autostunden erkunden – genauso lange braucht man vom Süden der Triestiner Bucht bis zum Oberlauf des **Tagliamento** und sogar noch weniger von **Lignano** bis **Tarvisio**. Man kann sich aber auch Zeit lassen und das Friaul mit Bahn und Bus oder gar mit dem Fahrrad oder zu Fuß entdecken.

Oben: Zwischen Shopping und Cafébesuch hält man gern ein Schwätzchen, wie hier in Udine auf der Piazza Matteotti (→ S. 53).

Mitte: Die Malteserfestung Rocca Bernarda in den Colli Orientali liegt nicht nur schön, sie beherbergt auch ein Weingut mit Qualitätsweinen (→ S. 93).

Unten: Ein besonderer Kunstschatz befindet sich in der Chiesa di San Antonio Abate in San Daniele del Friuli: die herrlichen Fresken von Pellegrino da San Daniele (→ S. 63).

Schon die Römer wussten die zentrale Lage am Schnittpunkt der Straßen nach Norden und Osten zu schätzen: Sie kolonisierten das Land zwischen Meer und Alpen, machten **Aquileia** zur Hauptstadt und nahmen auch noch gleich Istrien zu dieser neuen römischen Provinz **»Venetia et Histria«** hinzu.

Die römische Provinz »Venetia et Histria«

Julius Cäsar gründete um 50 v. Chr. im heutigen **Cividale** die Stadt **Forum Julii**, von der das Friaul seinen Namen hat. Zu dieser Zeit bestand Aquileia bereits seit 130 Jahren. An einem Flusshafen und am Schnittpunkt bedeutender Straßen war sie eine wohlhabende Siedlung, mit Handwerkern, Händlern und einem selbstbewussten Bürgertum, die Einflüsse aus der ganzen damals bekannten Welt in sich aufnahm.

Das Christentum verbreitete sich hier sehr früh – schon im 4. Jahrhundert nach Christi wurde in Aquileia die erste frühchristliche Basilika errichtet. Nach Langobarden und Byzantinern beherrschten ab der Jahrtausendwende die **Patriarchen von Aquileia** – die inzwischen ihren Sitz nach Cividale verlegt hatten – als geistliche und weltliche Herrscher ein Gebiet, in dem Kultur und Kunst einen großen Aufschwung nahmen. Im Osten wurden sie ab dem 12. Jahrhundert bedrängt von den Grafen von Görz, deren Herrschaftsgebiet sich von Tirol bis Istrien erstreckte, und im Westen setzte ihnen eine aufstrebende Seemacht zu, der sie schließlich 1420 unterlagen: Venedig. Die Rivalität zwischen Österreich und Venedig beherrschte für Jahrhunderte die Region und wurde erst durch das Ende der Serenissima – unterzeichnet in der Villa Manin in Passariano – im Jahre 1797 beendet.

Die Österreicher blieben auch nach der Gründung des Staates Italien 1860 im Osten der Provinz und in Triest. Mit einigen der blutigsten Schlachten des Ersten Weltkrieges – die österreichisch-italienische Front zog sich von 1915 bis 1917 quer durch das Friaul, von den Karnischen Alpen bis zum Isonzo und dem Karst – schrieb die Grande Guerra ein schreckliches Kapitel der friulanischen Geschichte.

Die jüdische Bevölkerung hat die Entwicklung von Triest, Pordenone und auch Gorizia über Jahrhunderte mitgetragen. Erst in Mussolinis Zeiten bzw. unter nationalsozialistischer Besatzung gab es im Friaul Judenverfolgung: Viele Juden wurden deportiert, das einzige Konzentrationslager auf italienischem Boden stand ab 1943 in Triest.

Das große Erdbeben

Noch ein weiteres Mal erlangte das Friaul im vergangenen Jahrhundert traurige Berühmtheit: Am 6. Mai 1976 gegen 21 Uhr erschütterte ein schweres Erdbeben die Region. Vor allem das **Kanaltal** war betroffen – in **Gemona** erreichten die Erdstöße die Stärke

6,5 auf der Richterskala. Kaum ein Stein blieb hier und im benachbarten **Venzone** auf dem anderen, 989 Personen starben. Aber innerhalb weniger Jahre entstanden aus den Ruinen wieder Städte.

Das Friaul ist heute ein aufstrebendes, weltoffenes Gebiet. Lange Zeit eine Grenzregion Europas am Eisernen Vorhang, wissen die Friulaner ihre Situation heute zu schätzen. Entlang der slowenischen Grenze – vor allem im **Collio** und im **Karst** – sind die jahrzehntelang unterbrochenen Beziehungen wieder voll erblüht. Slowenisch wird in den Randgebieten erneut mit Stolz gesprochen.

Furlans – eine eigene Sprache

Noch stolzer ist der Großteil der Friulaner aber auf seine eigene Sprache: Rund 530 000 Einwohner der Region Friaul-Julisch Venetien, mehr als ein Drittel der Bevölkerung, sprechen **Furlans**, eine rätoromanische Sprache. Ihre Bedeutung, auch in der friulanischen Literatur, verdankt sie nicht zuletzt dem Schriftsteller und Filmemacher **Pier Paolo Pasolini** (1922–1975). Der Sohn einer friulanischen Mutter, er wurde in Bologna geboren, hat nach dem Krieg während einiger Jahre in Casarsa, in der Provinz Pordenone, unterrichtet. Er veröffentlichte seinen ersten Gedichtband **Poesia a Casarsa** in Furlans und gründete hier mit Freunden, Studenten, Handwerkern und Bauern die **Academiuta di lenga furlana,** die Akademie für friulanische Sprache und Kultur, die es sich zum Ziel setzte, Furlans auch als Literatursprache zu erhalten.

Auch andere Schriftsteller trugen zur Stärkung der lange vernachlässigten regionalen Identität bei: **Italo Svevo** (1861–1928) schrieb seine Romane über Triest während und nach dem Ende des Habsburgerreiches. **Biagio Marin** (1891–1985) setzte Grado mit **L'Isola d'Oro** ein Denkmal. Und der Bergpionier **Julius Kugy** (1858–1944) schrieb in zahlreichen Büchern über seine Heimat, das Tarvisiano, sowie die Berge, von denen er viele als Erster bestiegen hatte. Das Friaul zog aber auch große Literaten aus der ganzen Welt an: **James Joyce** lebte und arbeitete in Triest, **Ernest Hemingway** fischte auf den Flüssen rund um Lignano. **Rainer Maria Rilke** verdankt man die Idee zu einem Spaziergang: Der **Rilke Weg** entlang der Felsküste zwischen Duino und Sistiana hat schon den Prager Dichter zu seinen **Duineser Elegien** inspiriert. Und noch immer findet man an lauen Sommerabenden entlang des Pfades Rilkebegeisterte, die seine Gedichte lesen.

! MERIAN-Lesetipp

In **Zeno Cosini** (Rowohlt-TB, 1988) schildert der friulanische Autor Italo Svevo (eigentlich Ettore Schmitz, 1861–1928) mit autobiografischen Facetten das bunte Leben in Triest zum Ende der k.u.k.-Zeit. Einen Querschnitt durch die friulanische Literatur von Svevo bis heute bringt der Band **Europa erlesen: Friaul** aus dem Wieser-Verlag (Klagenfurt, 1998).

Im Juli und August findet man vor allem am Meer kaum ein Zimmer – rechtzeitiges Buchen sei daher empfohlen! Dann kann man aus Unterkünften jeder Kategorie wählen.

Komfort für hohe Ansprüche und eines der besten Triestiner Restaurants – im Grand Hotel Duchi d'Aosta (→ S. 24).

Hotels und andere Unterkünfte

Wie überall in Italien gilt auch im Friaul die Kategorisierung der Unterkünfte mit fünf Sternen – vom Luxushotel bis zur einfachen Unterkunft. Man sollte aber nicht allzu viel auf diese Einteilung geben: Ein einfaches Hotel kann oft einem mit mehr Sternen dekorierten an Flair oder Sauberkeit überlegen sein. Die Preise verstehen sich normalerweise für Zimmer und Frühstück; lediglich in der Hauptsaison – in den Skigebieten im Winter und am Meer im Sommer – gilt als Basis oft der Halbpensionspreis. Ist das Frühstück nicht im Preis inbegriffen, empfiehlt sich ein Besuch der nächsten Café-Bar, wo Croissants und Cappuccino günstiger sind als im Hotel.

In der Hauptsaison sollte man unbedingt frühzeitig sein Zimmer reservieren. In ruhigeren Zeiten kann es reizvoll sein, sich sein Quartier nach Lust und Laune selbst zu suchen. Unterkünfte findet man auch in den kleinsten Dörfern, und wenn man die Ansprüche nicht zu hoch schraubt, sind auch kleine Pensionen und Hotels mit etwas weniger Komfort und etwas mehr Flair darunter.

Appartements findet man vor allem am Meer und auch in Carnia. **Agriturismi** – Urlaub auf dem Bauernhof (das oft auch ein Weingut sein kann) – gibt es von Jahr zu Jahr mehr. Ein Verzeichnis der **agriturismi** im Friaul erhält man unter der Nummer 04 32 20 26 46 oder unter www.agriturismofvg.com im Internet. Die Zahl der Privatzimmervermieter mit **Bed & Breakfast** ist ebenso im Steigen begriffen. Einen Führer mit den Mitgliedsbetrieben erhält man von der **Associazione Bed & Breakfast** unter Tel. 04 32 73 18 54. **Campingplätze** sind in allen Teilen des Landes zu finden – vor allem natürlich am Meer, wo sie entlang der Küste, meist in Schatten spendenden **pinetas** (Pinienhaine), zu finden sind.

Für alle friulanischen Provinzen gibt es Unterkunftsverzeichnisse, in denen die angebotenen Betriebe beschrieben werden und mit Preisen erfasst sind. Die Verzeichnisse sind kostenlos bei den jeweiligen Tourismusämtern (**APT**) erhältlich.

Hotels und andere Unterkünfte sind bei den einzelnen Orten im Kapitel »Sehenswerte Orte« beschrieben. Unterkünfte, in denen Hunde erlaubt sind, finden Sie im Kapitel »Das Friaul von A–Z« unter dem Stichwort »Tiere« aufgelistet.

! MERIAN-Tipp

Eine Besonderheit, die es bekanntlich nicht nur im Friaul gibt, sind die **malghe** – die Almen. Auf einigen Hütten in den Karnischen und Julischen Alpen kann man auch übernachten. Wer die Natur liebt, kann diese einfachen Unterkünfte als Basislager für einen erholsamen Urlaub fernab vom Touristenrummel nutzen. Liebt man die sportliche Herausforderung, kann man am »Karnischen Almweg«, zwischen Carnia und Kärnten, auf zwölf verschiedenen Routen von Hütte zu Hütte wandern. Ein Tipp zum Übernachten: die **Malgha Glazzat** über Pontebba; Tel. 0 42 89 03 89; 4 Zimmer ★ Infos: APT della Carnia; Piazza XX Settembre 9, 33082 Tolmezzo; Tel. 0 43 34 48 98, Fax 0 43 34 67 87 3; Internet: www.viamalghe.com.

Alle in diesem Buch empfohlenen Unterkünfte auf einen Blick

Komforthotels für höhere Ansprüche

Zentral gelegene Stadthotels

Hotels mit Flair/in besonderer Lage

Mittelklassehotels

Ferien- und Sporthotels

Kleinere Hotels/Pensionen

Bungalows/Camping

Jugendherberge

Preisklassen

Die Preise gelten für zwei Personen im Doppelzimmer ohne Frühstück.
★★★★ ab 180 €
★★★ ab 120 €
★★ ab 80 €
★ bis 80 €

Küche der 1000 Geschmäcker,

so wird die friulanische Küche auch genannt. Sie basiert auf der österreichischen, der venezianischen, slawischen sowie der alpinen Tradition.

Im Jugendstilcafé San Marco in Triest kann man gemütliche Stunden verbringen – ob beim Kaffeetrinken, Zeitunglesen oder genussvollem Speisen (→ S. 30).

Man kann in einem Restaurant in Tarvisio hervorragend Fisch essen und genauso gut in einem Restaurant am Triestiner Hafen Wildschwein mit Pilzen und Polenta. Vielfalt ist also angesagt im Friaul: Man findet einige der besten Restaurants Italiens und daneben Osterie, jene meist recht urigen und traditionellen »Kneipen« der Friulaner. Und natürlich gibt's auch Pizzerien und Gelaterie, ja sogar Bierstuben und Fastfood-Lokale.

Schinken und Polenta

In Carnia, der gebirgigen Region im Nordwesten, richtet sich die Küche nach den Jahreszeiten, sie ist einfach und basiert auf den Produkten der regionalen Landwirtschaft oder darauf, was die Wälder an Schmackhaftem hergeben. Auf den Tisch kommen Schweine- und Rindfleisch, Wild, Polenta, Bohnen, Pilze, Waldfrüchte und Käse oder Butter von den Almen. Das karnische Nationalgericht sind die **cjarsòns, agnolotti** (Pasta) mit Ricotta gefüllt. Eine Spezialität ist auch der Schinken aus Sauris, der leicht geräuchert wird.

Die friulanische Küche rund um Udine und Pordenone steht in der Tradition des Veneto und Österreichs: Auch hier gibt es Pasta und Polenta, bei den Hauptspeisen dominieren Fleisch und Wild. Regionale Produkte, die selten auf einer Speisekarte fehlen, sind der luftgetrocknete **prosciutto di San Daniele** oder der gereifte Kuhmilchkäse **montasio**, aber auch die süße **gubana**, ein mit kandierten Früchten, getrockneten Trauben und Sliwowitz gefüllter Germteig. 21 Ingredenzien sieht das **Consorzio per la tutela del marchio gubana** vor, die gleichen finden auch Eingang in die **struki**, ein leckeres Dessert in Form großer Ravioli, die man traditionell in der Christnacht aß.

Die Küche Gorizias basiert auf deftigen Suppen (**fagioli**) – oft mit Bohnen und Speck (**fagioli e speck**), manchmal auch mit **crauti** (Sauerkraut) – und **gnocchi** – Kartoffelnudeln mit Leber, Brot oder auch Kürbis zubereitet. Die Hauptspeisen sind teilweise altösterreichisch, wie das Gulasch oder das Kaiserfleisch (gekochtes Rindscarrée mit frischem Meerrettich und Sauerkraut). Als Dessert gibt's die **gubana goriziana**, die, anders als die aus Cividale, aus Blätterteig gemacht wird.

Von den Küstengebieten hat vor allem Grado eine spezielle – auf Fisch basierende – Küche: Die Gradeser Fischsuppe, die man nur hier erhält, besteht aus verschiedenen Fischen und Meeresfrüchten und steht einer Bouillabaisse kaum nach.

Fischgerichte an der Küste

Dazu darf natürlich auch der **boreto** – getrockneter Fischrogen, der in dünne Scheiben geschnitten auf den Tisch kommt – nicht fehlen.

Die Triestiner Küche holt sich viele ihrer Rezepte und Zutaten aus der Tradition der k.u.k.-Monarchie und aus der einfachen Küche des Karstes: **porcina** ist gekochtes Schweinefleisch, serviert mit Meerrettich und Senf, oder Gulasch.

Aber auch die Meeresküche ist mit **sardine marinate** (marinierten Sardinen), **baccalà alle triestina** (Stockfisch) oder **seppie in umido con polenta** (Tintenfisch mit Saft und Polenta) gut vertreten.

Die Desserts haben ihre Ursprünge oft in Österreich: Sachertorte, **strudel di mele** oder den **cuguluf** genannten Guglhupf. Aber natürlich findet man auch fast alles, was man bereits aus anderen Teilen Italiens kennt: von der Pasta über Pizza bis zur unvermeidlichen **torta della nonna** (Torte nach Großmutter Art).

Die friulanischen Weine sind weltberühmt. Acht DOC-Zonen (**Denominazione di Origine Controllata** – die kontrollierte Ursprungsbezeichnung) und eine DOCG-Zone (**DOC e garantita**) gibt es im Friaul.

Die Weinregion Friaul

Die bekanntesten Weine kommen aus den Gebieten **Colli Orientali di Friuli**, **Collio** und **Isonzo** – alle zwischen Udine und Gorizia gelegen. Friulanische Weißweinreben wie Chardonnay, Pinot Grigio, Pinot Bianco oder Sauvignon Blanc, aber auch die original aus der Region stammenden Rebsorten Ribolla Gialla oder die süßen Picolit, Verduzzo und Ramandolo zählen zu den besten der Welt. Die Rotweine – vor allem Merlot, aber auch Cabernet oder der eigenständige Refosco – gedeihen ebenso gut.

Ein **tajut** – ein Gläschen – Friulaner Wein zu trinken gehört daher auch, vornehmlich zwischen Carnia und Carso, zu den Eigenheiten des friulanischen Tagesablaufs. Meist kehrt man dazu in eine der rustikalen Osterie ein, einem traditionellen Wirtshaus. Und für den kleinen Hunger gibt es entweder eine deftige Suppe oder eine Platte, reich bestückt mit einer Auswahl an **prosciutto**, gekochtem Schweinefleisch, Salami, Wurst und Käse. Und danach darf natürlich eine **grappa** – ein Tresterschnaps – von einem der zahlreichen regionalen Produzenten nicht fehlen. Eine besondere und berühmte Spezialität ist der Monovitigno, vom Trester nur einer Rebsorte gebrannt, der Destillerie Nonino in Percoto (Via Aquileia 104, Tel. 04 32 67 63 31; Besichtigung nur mit Voranmeldung). Und auch **aquavite** – Obstbrände, meist ebenfalls aus Trauben – gibt es. Eine **grappa** wird übrigens nur nach dem Essen und meist vor oder zum Kaffee getrunken.

Kaffee-Kult

Als bedeutender Freihafen des Österreich-Ungarischen Kaiserreiches war Triest einer der ersten Orte Europas, wo man Kaffee zu schätzen wusste – und diese Kultur findet man immer noch wieder in den Cafés, den Röstereien und den Läden der Stadt. Heute nennt zwar keiner mehr den Kaffee die »Milch der Denker«, wie man es noch im Konstantinopel des 16. Jahrhunderts tat, aber die Popularität ist ungebrochen. Im 18. Jahrhundert gab es unzählige Kaffeehäuser in Triest – einige davon haben sich bis heute erhalten. Welche Bedeutung dem Kaffee und seiner Kultur noch immer zukommt, sieht man vielleicht auch daran, dass in den 90er Jahren ein Kaffeeröster Bürgermeister von Triest war: Riccardo Illy, Besitzer der gleichnamigen, in ganz Europa vertretenen und bekannten Kaffeemanufaktur.

Mit dem Kaffeebestellen hat es so seine eigene Bewandtnis in Triest: Will man sich als wahrer Kenner erweisen, sagt man zu einem normalen schwarzen Kaffee »**nero**« und fügt hinzu »**ristretto**« (kurz) oder »**lungo**« (lang), das heißt entweder mit Milch verlängert oder nicht. Aber Vorsicht: 30 Kilometer weiter nördlich, in der Provinz Gorizia, ist ein **nero** ein Glas Rotwein.

Restaurants sind bei den einzelnen Orten im Kapitel »Sehenswerte Orte« beschrieben.

Preisklassen

Die Preise beziehen sich auf ein Menü mit zwei Gängen und Dessert ohne Getränk, Gedeck und Trinkgeld.

★★★★ ab 40 €
★★★ ab 25 €
★★ ab 18 €
★ bis 18 €

Wichtige Redewendungen im Restaurant → S. 113

A

acqua: Wasser
– *gassata:* mit Kohlensäure
aglio: Knoblauch
agnolotti: eine Art Ravioli
anguilla: Aal
anatra: Ente
arrosto: Braten, gebraten
asparago: Spargel

B

baccalà: Stockfisch
– *alla fiorentina:* in Öl gebacken
bagna cauda: Ölsauce mit Knoblauch, Gewürzen, in die man Brot oder rohes Gemüse tunkt
bigoli: schwarze Spaghetti aus Vollkornmehl
bistecca: Steak
– *alla pizzaiola:* in Tomaten-Basilikum-Knoblauchsauce
blecs: hausgemachte Pasta, formlos geschnitten
bollito: gekocht
boreto: getrockneter und in Scheiben geschnittener Fischrogen
alla brace: auf Holzglut gebraten
branzino: Seebarsch
brasato: Schmorbraten, geschmort
brodetto: Fischsuppe mit Zwiebeln und Tomaten
brodo: Bouillon
brovada (auch *broade*)*:* geriebene Rüben in Most

C

caffè (espresso): Espresso
– *corretto:* Espresso mit einem Schuss Likör
– *macchiato:* mit einigen Tropfen warmer Milch
cajs in umid: Schnecken im Saft
cannolo: Teigröllchen gefüllt mit Käse (süß), oft mit Nougat und kandierten Früchten
cape sante: Jakobsmuscheln
cape longhe: Muschelart
capretto: Zicklein
carciofi: Artischocken
alla casalinga: hausgemacht
casseroula: Kasserolle aus Schwein, Sellerie, Zwiebeln, Kohl, Gewürzen
cece: Kichererbse
cefali: Meeräschen
ciambella: Gebäck
cinghiale: Wildschwein
cipolla: Zwiebel
cjarsòns: mit Ricotta, Kräutern oder kandierten Früchten gefüllte Nudeln
coda di rospo: Seeteufel
coniglio: Kaninchen
costata: Entrecôte
– *alla fiorentina:* gegrillt, mit Zitrone und Petersilie serviert
cozze alla marinara: Muscheln in Weißweinsud

F

fagiolata: Bohnengericht
favata: Kasserolle mit Bohnen, Schinken, Wurst
fegato: Leber
– *alla veneziana:* mit Zwiebeln
fettuccine: flache Bandnudeln
finocchio: Fenchel
focaccia: Brot mit Olivenöl, oft belegt mit Zwiebeln oder Tomaten
fragola: Erdbeere
frico: in einer Pfanne geschmolzener Bergkäse
frittata: Omelett
fritto: frittiert

G

gallina: Henne
gambero: Krebs
garùsoli: Meeresschnecken
gnocs di côce: Kürbisgnocchi
gò: Grundeln, Lagunenfisch
grancevola: Meeresspinne
gubana: mit Trockenfrüchten gefüllter Kuchen

J

jota: Suppe mit Bohnen, Kartoffeln, Wurst und anderem

M

macedonia di frutta: Obstsalat
maiale: Schwein
manzo: Rindfleisch
alla marinara: Sauce aus Tomaten, Oliven, Knoblauch, Muscheln und Meerestieren
melanzana: Aubergine
merluzzo: Kabeljau
miele: Honig
mille foglie: Torte aus Blätterteigschichten mit Cremefüllung
minestrone: dicke Gemüsesuppe
montasio: Käse von der Hochebene des Montasio in den Julischen Voralpen

O

olio: Öl

P

alla paesana: mit Speck, Kartoffeln, Karotten und anderen Wurzelgemüsen
pancetta: Speck
panettone: leichter Kuchen mit Rosinen und kandierten Früchten
pappardelle: lange, breite Nudeln
pasta e fagioli: Nudeln mit Bohnensuppe
patate: Kartoffeln
pesce: Fisch
– spada: Schwertfisch
pesto: Basilikum-, Knoblauch-, Käsesauce mit Pinienkernen und Majoran (zu Nudeln)
polastro in tecia: Huhn in Tomatensauce
polenta: Maisbrei
polpetta di carne: Fleischbällchen
polpo: Krake
pomodoro: Tomate
porcini: Steinpilze
profiterole: kleine gefüllte Windbeutel
prosciutto (auch *persùt*)
– di San Daniele: berühmter Schweineschinken aus dem gleichnamigen Ort
– di Sauris: Schweinschinken aus den karnischen Bergen, leicht geräuchert

R

ragù: Fleischsauce für Nudeln
ricotta: weicher Schafmilchkäse
risi e bisi: Reis und Erbsen, in Hühnerbouillon gekocht
risotto: gekochter Reis mit diversen Zutaten

S

salmone: Lachs
salsiccia: würzige Schweinswurst
saltimbocca: Kalbfleisch mit Schinken, Gewürzen und Weinsauce
sedano: Sellerie
sepple: Tintenfische
scaloppa: Schnitzel
sfogliatelle: gefülltes Gebäckteil
sogliole: Seezungen
sopressa: dicke Bauernsalami
spezzatino: Gulasch
spigola: Seebarsch
spinaci: Spinat
stoccafisso: Stockfisch
stracchino: cremiger, weicher Käse
struki: aus Germteig und Trockenfrüchten hergestellte Weihnachtsspeise
supa de trippe: Kuttelsuppe

T

tajut: ein Gläschen Wein in einer Osteria
tartufo: Trüffel
tonnato: in Tunfischsauce
tramezzino: weiches Sandwich
trota: Forelle

V

alla veneziana: mit Zwiebeln und Weißwein
verdura: grünes Gemüse
vitello: Kalbfleisch
vongola: kleine Muschel

Z

zabaione: Dessert aus Eigelb, Zucker und Marsala-Wein, warm serviert
zaléti: Maisgebäck
zucca: Kürbis
Zuf: Eintopf aus Maismehl, mit Wasser oder Milch angemacht

Friaul-Julisch Venetien ist eine vielfältige Region: Sie reicht von den goldenen Stränden der Adria über die Hügel des Collio bis an die Gipfel der Karnischen und Julischen Alpen.

Hoheitsvoll thront das märchenhafte Schloss Miramare auf einer Felsklippe über dem Golf von Triest (→ S. 34).

Die Stadt »zwischen den felsigen Bergen und dem strahlenden Meer«, wie der Triestiner Dichter Umberto Saba einmal sagte, »ist von herber Schönheit«.

Triest

E 15–16, S. 121

230 000 Einwohner
Stadtplan → Klappe hinten

Triest ist vielleicht nicht nur der **porto del mitteleuropa**, der Hafen Mitteleuropas, wie die Triestiner ihre Stadt gerne nennen, sondern wahrscheinlich wirklich die **capitale** dieser abstrakten Nation Mitteleuropa, die das Erbe der Habsburgermonarchie Österreich-Ungarns für sich beansprucht. Selten haben sich die Kultur und die Geschichte der verschiedensten Nationen so vermischt wie hier, am nordöstlichen Zipfel der Adria.

Gegründet von slawischen Stämmen wird Triest zur Zeitenwende wichtiger Verkehrsknotenpunkt auf der Straße, die Rom und Aquileia mit den östlichen Provinzen verbindet. **Tergeste** – das ist der Name, den die Römer Mitte des 1. Jh. v. Chr. ihrer Kolonie geben: »Terg« bedeutet Markt und »este« Stadt – Markt-Stadt wird sie genannt. Eine Handelsstadt ist sie bis heute. Als die ersten christlichen Gebäude errichtet werden – darunter eine **Basilika** auf dem Hügel von San Giusto –, ist Triest bereits Teil des Oströmischen Reichs (seit 539). Eine kurze Episode unter der Langobardenherrschaft und auch die Zeit Karls des Großen gehen beinahe spurlos an der Stadt vorüber. Erst im 12. Jh. blüht die Siedlung am San-Giusto-Hügel wieder auf.

1295 wird Triest Stadtstaat, hat eine eigene Währung und Gesetzgebung. Aber schon bald gerät Triest in Konkurrenz zum nahen Venedig, das die Vormachtstellung in der Adria für sich beansprucht. Die Stadt wird von den Venezianern belagert und 1368 besetzt: zwölf Jahre lang, bis Triest von den Österreichern befreit wird. Triest bleibt fortan – mehr oder minder freiwillig – bis Ende des Ersten Weltkriegs Österreich angeschlossen. Für die Habsburgermonarchie ist Triest ein wichtiger Zugang zum Meer und wird daher ein bedeutender Handelshafen, 1719 gar Freihafen. Die Kaufleute müssen für ihre Waren weder Zoll noch Steuern bezahlen, was viele Händler, vor allem Griechen und Juden, ins Land lockt.

Diese Weltoffenheit durch den Handel lässt eine Liberalität in der Stadt entstehen, die es sogar erlaubt, den Bonapartes und Spaniens Bourbonen Exil zu gewähren. Auch die Pläne Garibaldis zur Bildung eines italienischen Staates fallen hier auf fruchtbaren Boden. Viele Triestiner Freiwillige kämpfen für die Einheit Italiens. Aber erst 1918 – nach dem Ende der Habsburgermonarchie – wird auch Triest Teil Italiens. Es folgen jedoch Besetzungen durch die Nationalsozialisten (1943) und durch Titos Armee (1945). Von 1947 bis 1954 ist die Stadt Freizone unter einer alliierten Militärregierung, und erst 1954 kehrt Triest zu Italien »heim«. Seit 1962 ist Triest Hauptstadt der Region Friaul Julisch-Venetien.

Heute ist Triest eine zwar kleine, aber doch eine »Weltstadt« mit einem ganz speziellen Charme. Den kilometerlangen Hafenanlagen, in denen Container verladen, Öl abgepumpt oder Autos auf die Fähren nach Griechenland verladen werden, stehen die Pracht des **Schlosses Miramare**, die Eleganz des **Stadttheaters Giuseppe Verdi** und die Architektur der eindrucksvollen Bauten der **Piazza dell' Unità d'Italia** gegenüber. Feine Läden von Modedesignern, Parfümproduzenten und Nobelschustern, kurz allem, was in Italien Rang und Namen hat, findet man in den Vierteln unter den grünen

Am oberen Ende des Canal Grande steht die imposante Kirche Sant'Antonio Taumaturgo mit ihrer beachtlichen klassizistischen Fassade.

Hängen, welche steil von der ländlichen Karsthochebene abfallen. Vielfältig ist die Triester Gastronomie, die österreichische, slawische und italienische Traditionen gekonnt verbindet.

Hotels/andere Unterkünfte

Colombia ■ e 2

Familiär geführtes, gemütliches Hotel in der Nähe des Hauptbahnhofs. Die wichtigsten Sehenswürdigkeiten der Stadt sind zu Fuß erreichbar.
Via della Geppa 18; Tel. 0 40 36 91 91, Fax 0 40 36 96 44; Internet: www.hotelcolombia.it; 40 Zimmer ★★★ AmEx DINERS EURO VISA

Grand Hotel Duchi d'Aosta MMM ■ cd 3

Mondänes Hotel direkt an der zentralen Piazza dell'Unità d'Italia mit einem der besten Restaurants der Stadt – Harry's Grill. Die Zimmer haben Whirlpool und türkisches Bad.
Piazza dell'Unità d'Italia 2; Tel. 04 07 60 00 11, Fax 0 40 36 60 92; Internet: www.grandhotelduchidaosta.com; 52 Zimmer ★★★★ AmEx DINERS EURO VISA

Greif Maria Theresia MM nördlich ■ d 1

Luxuriöses Hotel in einem neoklassizistischen Palast an der Straße nach Miramare. Mit Hallenbad, Wellnessbereich und einem exzellenten Fischrestaurant mit einem herrlichen Blick über den Golf.
Viale Miramare 109; Tel. 0 40 41 01 15, Fax 0 40 41 30 53; Internet: www.greifgroup.net; 36 Zimmer ★★★★ AmEx DINERS EURO VISA

Novo Hotel Impero ■ e 1

Gut geführte Herberge gegenüber dem Hauptbahnhof. Geräumige Zimmer mit Dusche/WC oder Bad.
Via S. Anastasio 1; Tel. 0 40 36 42 42, Fax 0 40 36 50 23; 50 Zimmer ★★★ AmEx DINERS EURO VISA

Ostello Tergeste ■ E 15, S. 121

Jugendherberge in der Nähe von Miramare, direkt am Meer. Dementsprechend beliebt ist die Herberge bei all jenen, die eine kostengünstige Unterkunft in Triest suchen.
Viale Miramare 331; Tel. 0 40 22 41 02, Fax 0 40 22 43 46; 40 Zimmer ★ AmEx DINERS EURO VISA

Spaziergang

Triest ist leicht zu entdecken: Man kommt mit der Bahn oder auch dem Auto – über die Küstenstraße oder die Autobahn Venezia–Triest – direkt ins Zentrum. Der Ausgangspunkt ist für Bahnreisende und Autofahrer derselbe: Neben dem Hauptbahnhof stehen die großen Silos, die Parkgaragen.

Man beginnt einen Rundgang durch die Stadt mit einem Stück Österreich: Im Park inmitten der **Piazza della Libertà**, dem Platz vor dem Hauptbahnhof, wurde Kaiserin Elisabeth, Sisi, ein Denkmal errichtet. Wir wenden uns aber gleich nach rechts. Hier beginnt der **Borgo Teresiano**, die Neustadt, die unter Kaiserin Maria Theresia auf dem Gelände der ehemaligen Salinen errichtet wurde. Zwischen dem Hafen und diesem Stadtteil mit seinen regelmäßig angelegten Straßen und den Bürgerpalästen gelangen wir zum **Canal Grande**. Einst ein schiffbarer Kanal mit drehbaren Brücken, die mitten ins Herz der Handelsstadt mit ihren Warenhäusern reichen, sind hier heutzutage nur mehr kleine Fischerboote verankert.

Die Bürger des Freihafens Triest, durch den Handel reich geworden, ließen sich große Paläste errichten, viele davon im neoklassizistischen Stil, wie der prächtige **Palazzo Carciotti** am Eingang des Canal Grande. Auch die Fassade der imposanten Kirche **Sant'Antonio Taumaturgo** am oberen Ende des Kanals ist im klassischen Stil gehalten (1842). Besonders prächtig ist auch der **Palazzo Gopcevic** am linken Ufer – mit seiner roten Fassade ist er ein beliebtes Fotomotiv.

Weiter geht es die Riva Tre Novembre und den Hafen entlang bis zur **Piazza Tommaseo**. In einem der elegantesten Cafés der Stadt, dem Tommaseo an der gleichnamigen Piazza, trinken wir einen **nero** – wie der Mokka in Triest heißt. Gegenüber, an der langen **Molo Audace**, legte 1918 das Kanonenboot der Garibaldini »Audace« an, und der Anschluss Triests an Italien wurde verkündet.

Über die kleine Via Canale Piccolo gelangt man zum prachtvollen **Teatro Giuseppe Verdi**, Schauplatz bedeutender Opern-, Operetten- und Konzertereignisse. Dahinter, an der Piazza della Borsa, steht die **Börse**, eine der schönsten Bauten des Neoklassizismus, neben einem Vertreter des Jugendstil, **Casa Bartoli**. Der anschließende **Corso Italia** ist eine der wichtigsten Einkaufsstraßen der Stadt, wo viele italienische Nobelläden zu finden sind. Beim Largo Riborgo biegen wir rechts ab und kommen zum Siedlungskern des römischen »Tergeste«, das sich bis ins Mittelalter nur auf den Hügel von San Giusto (**Colle San Giusto**) beschränkte. Das römische Amphitheater (**Teatro Romano**), dessen gut erhaltene Reste man hier sieht, stand einstmals direkt am Hafen. Hinter dem Theater ist ein kleines Antiquarium mit den Überresten einer römischen Grabstätte zu sehen (Do 10–12 Uhr). Nicht so rechtwinklig wie der Rest der unter Maria Theresia und ihrem Sohn Josef II. am Reißbrett konzipierten Stadt verlaufen die schmalen Gässchen, die hinaufführen zum Burghügel mit dem **Castello di San Giusto** und der **Cattedrale**. Von hier hat man einen herrlichen Ausblick über die Stadt, den Golf von Triest und die Hochebene des Karstes. Der Platz wird beherrscht vom **Denkmal für die Gefallenen des Ersten Weltkrieges**, 1935 im bombastischen Stil der Mussolini-Ära errichtet.

Ans römische Forum erinnern Pflastersteine zwischen zwei Reihen Zypressen. Hier wurden auch die Reste einer rechteckigen Basilika ausgegraben: Eine Säulenhalle führte zu einer Fläche, die wahrscheinlich Jupiter, Juno und Minerva gewidmet war. Eine frühchristliche Basilika wurde im 5. Jh. auf den römischen Ruinen errichtet. Reste eines ehemaligen Bodenmosaiks sind noch im Boden der heutigen Kathedrale sichtbar. Im 9. und 12. Jh. wurden anstelle der Basilika zwei Parallelkirchen erbaut: Die linke, Santa Maria Assunta, ist der Hl. Jungfrau Maria gewidmet und die rechte San Giusto. Erst im 14. Jh. wurden die beiden Parallelkirchen zur **Cattedrale San Giusto** vereint. Bestimmendes Element der Fassade ist eine herrlich gearbeitete gotische Rosette aus weißem Stein.

Auf dem Platz vor der Kathedrale steht eine Säule aus dem Jahre 1560 mit den Symbolen der Stadt Triest: Melone und Hellebarde. Östlich davon liegt der Eingang zum **Orto Lapidario**, ein verschwiegener Garten inmitten der Stadt: einst ein Friedhof, in dem heute die Reste römischer Säulen, Sarkophage und Grabsteine zu finden sind. In einem kleinen Tempel steht das Grabmal des Begründers der modernen Archäologie, Johann Joachim Winckelmann, der 1768 in Triest ermordet wurde. Nur durch den stillen Orto Lapidario kommt man in das Museum für Kunst und Geschichte, das **Civico Museo di Storia e d'Arte**. Untergebracht in einem neoklassizistischen Gebäude ist hier die archäologische Sammlung der Stadt zu sehen.

Der Platz vor der Kathedrale mit den römischen Ruinen wird nur überragt von den trutzigen Mauern des

Castello di San Giusto: 160 Jahre – von 1470 bis 1630 – dauerte dessen Bau. Im Innenhof, dem **Cortile delle Milizie**, finden im Sommer Freilichtaufführungen statt. Vom venezianischen Bollwerk der Mauer hat man einen herrlichen Blick über die Stadt.

Geht man von San Giusto über die Via Cattedrale wieder hinunter in die Altstadt, kommt man am **Arco di Riccardo** vorbei, einem römischen Torbogen und dem letzten Rest der Stadtmauer aus dem 1. Jh. v. Chr. Die hochbarocke Kirche **Maria Maggiore** ist eine ehemalige Jesuitenkirche und wurde im Jahre 1701 nach über 70-jähriger Bauzeit fertig gestellt. Ein paar Meter unterhalb des prachtvollen Baus ist die kleine romanische Basilika San Silvestro aus dem 9. Jh. zu sehen.

Am Fuße des Hügels von San Giusto angekommen, führt der Largo Granatieri zum beeindruckendsten Platz der Stadt: der **Piazza dell'Unità d'Italia** mit ihren Prachtbauten. Sie dehnt sich bis zum Meer aus. Der **Brunnen der Vier Kontinente** (1751–1754) war ein Symbol der weltweiten Handelsmacht von Triest: Er stellt in allegorischen Figuren die damals bekannten vier Kontinente dar – Europa, Asien, Afrika und Amerika. Gleich daneben reihen sich die Tische eines der bekanntesten Kaffeehäuser der Stadt aneinander – das **Caffè degli Specchi** –, an denen sich nicht nur die Triestiner gerne auf einen Cappuccino und ein Stück Torte niederlassen.

Sehenswertes

Aquario Marino ■ bc 4

Zahlreiche Mittelmeer- und tropische Fische tummeln sich im Meeresaquarium am Hafen. Auch nett anzusehen: die Pinguine.

Riva Nazario Sauro 1; Nov.–März Di–So 8.30–13.30, April–Okt. Di–So 9–19 Uhr; Eintritt 2,60 €

Barcola ■ E 15, S. 121

Von Triest aus muss man einige Kilometer mit dem Bus Nr. 36 die Küstenstraße Richtung Miramare nach Norden fahren, um nach Barcola zu gelangen: Hier hatten schon die Römer ihre Villen, und noch heute zählt es zu den besten Wohnvierteln der Stadt – mit einer langen Strandpromenade und einem Park am Meeresufer. Nach dem Viertel ist auch das **Barcolana** benannt, die traditionelle Segelregatta, bei der alljährlich Anfang Oktober rund 2000 Segelschiffe vor der Küste um den Sieg segeln (→ S. 105).

Oberhalb von Barcola steht die **Lanterna alla Vittoria**, Leuchtturm und gleichzeitig Kriegerdenkmal, von dessen Plattform man einen herrlichen Rundblick über die Küste hat.

Castello di San Giusto ■ e 4

Der Bau der Burg wurde 1470 begonnen und erst 1630 fertig gestellt. Ältester Teil ist die **Casa del Capitano**, die später in eine dreieckige venezianische Festungsanlage integriert wurde: Das venezianische Rundbollwerk, 1508 vollendet, erlaubt einen herrlichen Panoramablick über die Stadt. Im **Lalio-** oder **Hoyos-Bollwerk** (1553–1561) befindet sich ein Restaurant. Das **Grüne** oder **Pomis-Bollwerk** wurde erst 1630 fertig gebaut.

Im **Castello** ist heute eine Waffen- und Rüstkammer neben Sammlungen griechischer Vasen und einer Kollektion römischer Mosaike und Baufragmente untergebracht. Im angeschlossenen unterirdischen Lapidario (nicht zu verwechseln mit dem Orto Lapidario neben der Kathedrale) ist eine wertvolle Mosaiken- und Statuensammlung aus römischer Zeit zu sehen.

Piazza della Cattedrale; Bus 24 ab dem Hauptbahnhof; Okt.–März 9–17, April–Sept. 9–19 Uhr, Museum: Di–So 9–13 Uhr; Eintritt 6,50 €

Cattedrale di San Giusto ■ de 4
Die Kathedrale des Heiligen Justus bestand bis ins 14. Jh. aus zwei Kirchen – eine der heiligen Jungfrau Maria, die andere dem hl. Justus geweiht. Erst dann wurden die beiden Kirchen zur heutigen fünfschiffigen Cattedrale di San Giusto vereint. Die Fassade mit der kostbaren gotischen Rosette wurde hinzugefügt, ebenso wie der Glockenturm, in dem auch Baufragmente aus früheren Zeiten integriert wurden.

Die Kathedrale ist mit Kostbarkeiten ausgestattet: Besonders schön sind die Mosaiken in der Apsis der zwei Parallelkirchen, eines die Muttergottes mit den Erzengeln und Aposteln darstellend, das andere Christus zwischen San Giusto und San Servolo. Beide wurden in byzantinischem Stil im 12. und 13. Jh. geschaffen. Fresken aus dem 13. Jh. zeigen das Martyrium von San Giusto.
Piazza della Cattedrale; Bus 24 ab dem Hauptbahnhof

Monte Grisa ■ E 15, S. 121
Die Kirche **Maria Madre e Regina** am Monte Grisa ist inzwischen ein Wahrzeichen von Triest: Die in der Form des Dreiecks – als Symbol der heiligen Dreifaltigkeit – errichtete Kirche (1963–1967) thront am Rande des Karstes im Norden über der Stadt. Erreichbar ist sie von der Autobahn aus oder zu Fuß aus Opicina über die Promenade »Napoleonica«.

Napoleonica ■ E 15, S. 121
Nahe der Standseilbahn-Haltestelle von Opicina beginnt der 5 km lange Spazierweg »Napoleonica«, auf dem man entlang des Höhenzugs über Triest bis in das Städtchen Prosecco wandern kann. Dabei kommt man auch am Marienheiligtum Tempio Mariano di Monte Grisa vorbei und genießt herrliche Ausblicke auf den Karst, Triest und das Meer.
Opicina; Standseilbahn von der Piazza Oberdan

Opicina ■ E 15, S. 121
Ein Tipp für einen Ausflug an den Rand des Karstes: Eine Standseilbahn verbindet die Piazza Oberdan im Zentrum mit dem Stadtteil Opicina auf der Karsthochebene. Idealer Ausgangspunkt für Spaziergänge entlang der Karsthochebene und für Wanderungen in den Karst. Die Bahn fährt alle 20 Minuten ab der Piazza Oberdan.

! MERIAN-Tipp

Der irische Dichter und Schrifsteller **James Joyce** (1882–1941) war zweimal in Triest im freiwilligen Exil von seiner katholischen Heimat: von 1904 bis 1915 und von 1919 bis 1920. Joyce beendete hier seine Arbeiten an **Dubliners** und **The Portrait of the Artist as a Young Man** und schrieb auch ein Drama, **Exiles**. Außerdem entstanden hier ein Prosagedicht, **Giacomo Joyce**, und Teile von **Ulysses**. Das Triestiner **Laboratorio Joyce** hat mit kleinen Schildern einen **James-Joyce-Weg** ausgesteckt, mit den wichtigsten Stationen seiner Zeit in Triest: von der Berlitz School in der Via San Nicolò, wo er unterrichtete, über das Caffè Stella Polare bis zum Park der Via Giulia, wo auch eine Joyce-Büste aufgestellt ist. Eine Broschüre mit den Stationen ist beim Tourismusverband erhältlich, Infos gibt's auch im Internet unter www.univ.trieste.it/nirdange/netjoyce.

Piazza dell'Unità d'Italia ■ cd 3
Die ehemalige Piazza Grande, die die Stadt mit dem Meer verbindet: auf drei Seiten von einigen der beeindruckendsten Bauten des Borgo Teresiano eingeschlossen, auf der vierten dem Hafen und dem Meer gegenüber offen. Unter den angrenzenden Prachtbauten stechen das **Rathaus** (1875), der **Palazzo del Lloyd Triestino** (1883, der Architekt war der auch von der Wiener Ringstraße bekannte Heinrich Ferstel) und das **Hotel Duchi d'Aosta** (1873) hervor. Der 16 000 qm große Platz ist das Zentrum Triests und ein Muss für alle Besucher.
Piazza dell'Unità d'Italia

Synagoge ■ f 2
Eine der größten Synagogen Europas: Neben dem Museum für jüdische Geschichte steht der mächtige Bau mit syrischen Stilbezügen (1912 vollendet).
Via San Francesco d'Assisi 19;
Mo 16.30–18 Uhr

Museen

Civico Museo di Storia e d'Arte ■ d 4–5
Das Museum für Kunst und Geschichte ist im Orto Lapidario am Burgberg von San Giusto zu finden. In der Eingangshalle sind römische Skulpturen zu sehen, die während der Ausgrabung des Amphitheaters ans Tageslicht kamen. Ebenfalls aus römischer Zeit sind Gläser, Bernsteinschmuck und Marmorskulpturen – vor allem aus Aquileia – erhalten. Eine Halle ist Ägypten gewidmet: Dort findet sich – inklusive einer allerdings nicht originalen Frauen-Mumie – der Sarkophag Peteamunis, eines Priesters um 1000 v. Chr. Im Taranto-Raum sind Fundstücke zu sehen, die in der Apulischen Hauptstadt ausgegraben wurden. Pakistanische Kunst wird im Gandharsaal gezeigt. Ein Teil des Museums ist der Frühgeschichte Triests und des Karstes gewidmet.
Via della Cattedrale 15; Bus 24 ab dem Hauptbahnhof; Di, Do–So 9–13, Mi 9–19 Uhr; Eintritt 4 €

Galleria Nazionale d'Arte Antica ■ e 1
In einem Bürgerhaus gegenüber dem Hauptbahnhof: Bilder und Zeichnungen aus dem 15. bis 19. Jh., unter anderem Werke von Crespi, Bernini und Canaletto.
Piazza della Libertà 7; Mo–Sa 9–13 Uhr; Eintritt 2,60 €

Museo Campo Marzio ■ a 5
Zwischen 1903 und 1907 wurde der große Transalpine Bahnhof vom Architekten Robert Seelig errichtet, um eine adäquate Endstation der Strecke Wien–Triest zu haben. Heute ist in diesem Bau aus der Zeit des k.u.k.-Imperiums das Eisenbahnmuseum Campo Marzio untergebracht, in dem alte Dampflokomotiven neben neueren Elektroloks zu bewundern, aber auch Uniformen, Dokumente und Fotos zu sehen sind. Es werden auch Fahrten organisiert: Mit der historischen elektrischen Bahn kann man zum Beispiel vom Eisenbahnmuseum aus eine dreistündige Fahrt durch Triest und Umgebung unternehmen.
Via Giulio Cesare 1; Tel. 04 03 79 41 85; Mi–Mo 9–13 Uhr; Eintritt 2 €

Museo Revoltella ■ c 4
Das Revoltella-Museum ist nicht nur wegen der Sammlung moderner Kunst sehenswert, sondern auch wegen seiner reichen Innenausstattung aus dem 19. Jh. – zum Beispiel dem Esszimmer des Barons Pasquale Revoltella (Stifter des Museums und einer der Financiers des Suezkanals). Die Sammlung zeigt neben Werken italienischer und internationaler Künstler des 19. und 20. Jh. friulanische und Triestiner Malerei dieser

Oben: Wiener Kaffeehauskultur trifft Triestiner Mondänität: das elegante Caffè Tommaseo an der gleichnamigen Piazza (→ S. 30).

Mitte: Die Piazza dell'Unità d'Italia ist umgeben von prachtvollen Bauten wie dem Palazzo del Governo und auf einer Seite zum Meer hin geöffnet (→ S. 28).

Unten: Beim Spaziergang auf der Molo Audace kann man die zahlreichen Segelboote im Golf von Triest bewundern.

Epoche – Sammlungen vom Neoklassizismus über Impressionismus und Futurismus bis zur Abstrakten Kunst. Bei **Revoltella-Estate** ist das Museum von Juli bis September abends bis 24 Uhr geöffnet. Dabei finden Musik-, Tanz- und Theateraufführungen statt.
Via Diaz 27; Mi–Mo 10–13, 15–19 Uhr; Eintritt 8 €

Museo Risiera di San Sabba südlich ■ f 6

Nationaldenkmal zur Erinnerung an das einzige nationalsozialistische KZ in Italien, untergebracht in einer ehemaligen Reisfabrik.
Ratto della Pileria 43; Bus 10 ab Piazza Venezia; Di–So 9–13 Uhr; Eintritt frei

Museo Sartorio ■ c 4

Die Villa entführt ins 19. Jh.: Die Zimmer sind in ihrer Originalausstattung erhalten. Im zweiten Stock ist eine Sammlung mit Gemälden (u. a. von Tiepolo und Francesco Guardi), Schmuck, Uhren und Möbeln zu sehen. Der größte Schatz des Museums ist das Triptychon der Santa Chiara, 1328 entstanden, mit Szenen aus dem Leben Jesu.
Largo Papa Giovanni XIII; Bus 30 ab dem Hauptbahnhof; Di–So 9–13 Uhr; Eintritt 2,60 €

! MERIAN-Tipp

Eine Triestiner Eigenheit ist das **buffet**: Es ist nicht das, was man in deutschsprachigen Landen darunter versteht, sondern eine Osteria oder eine Kneipe, wo man hingehen kann, um ein Glas Wein oder Bier zu trinken und um zu essen – meist eine deftige Kleinigkeit, beispielsweise **rebechin** (Kaiserfleisch mit Senf, Wurst mit Kraut oder auch einem Stück Schinken) sowie Gulasch oder Kutteln. **Buffets** findet man in allen Stadtteilen Triests. Zwei Adressen: **Da Pepi**, Via Cassa di Risparmio 3, Tel. 0 40 36 68 58 oder **Toni da Mariano**, Viale Campi Elisi 31, Tel. 0 40 30 75 29.

Essen und Trinken

Ai Fiori ■ c 4

Im Herzen der Stadt gelegenes Fischrestaurant mit kreativer Küche: Versuchen Sie das Fischgulasch.
Piazza Hortis 7; Tel. 0 40 30 06 33, So, Mo geschl. ★★ AmEx DINERS EURO VISA

Caffè degli Specchi ■ d 3

Mondänes Café auf der Piazza dell' Unità d'Italia. Fast das ganze Jahr über kann man hier im Freien sitzen und bei einem **caffè** und Apfelstrudel die Sonne genießen.
Piazza dell'Unità d'Italia 7

Caffè Tommaseo ■ d 3

Liebevoll restauriertes Kaffeehaus, das auch in Wien stehen könnte: Die Spiegel stammen original aus Belgien, die Torten sind hausgemacht. Man kann auch hervorragend essen.
Piazza Tommaseo 4/c; Tel. 0 40 36 26 66 ★★ AmEx DINERS EURO VISA

Caffè San Marco M ■ f 2

Das schönste Café der Stadt, teilweise im Jugendstil. Im einstigen Literatentreff verkehrten Dichter wie Italo Svevo. Hier kann man gemütlich einen **caffè** oder Campari trinken, eine Kleinigkeit essen, die aktuellen Tageszeitungen lesen und sogar Schach spielen.
Via Battisti 18; Tel. 0 40 36 35 38

Suban MM östlich ■ f 2

1865 von einem ehemaligen Koch Erzherzog Maximilians gegründet, ist Suban seit Jahrzehnten ein kulinarischer Fixpunkt in Triest: raffinierte regionale Küche mit Einflüssen aus

Slowenien und Österreich und einer beeindruckenden Auswahl an Käse und Weinen. Etwas außerhalb im Ortsteil San Giovanni gelegen.
Via Comici 2; Tel. 04 05 43 68; Mo, Di geschl. ★★ AmEx DINERS EURO VISA

Einkaufen

Antiquariato Gian Franco Iesu ■ c 4
Einer der ältesten Antiquitätenläden der Stadt, nahe der Piazza dell'Unità d'Italia. Spezialist für Möbel aus dem 19. Jh.; es gibt auch allerlei wertvolle Wohnaccessoires: böhmisches Kristall, Prager Goldschmiedearbeiten oder Uhren.
Via Felice Venezian 9

Caffè Pasticceria Pirona M ■ f 4
Hier kehrte schon James Joyce ein, um **presnitz** (mit Nüssen und kandierten Früchten gefüllte Törtchen), **fave** (Kekse aus Mandelcreme) oder andere Schlemmereien zu kaufen. Die Pasticceria ist auch wegen ihrer Holzbänke, der Glasvitrinen und der Einrichtung im Liberty-Stil einen Besuch wert.
Largo Barriera Vecchia 12

Märkte
Lebensmittelmärkte finden täglich außer Montag auf der Piazza Ponterosso nahe dem Canal Grande und der Markthalle in der Via Carducci statt. Sehenswert ist der tägliche Fischmarkt in der Riva N. Sauro 1 am Hafen. In der ehemaligen Fischhalle – das Jugendstilgebäude daneben – wird heute kein Fisch mehr verkauft: Es soll nach dem Umbau ein Veranstaltungsort u. a. für Konzerte werden.

Pelleterie Bruna ■ e 3
Hier finden Sie ein große Auswahl an Geldbörsen, Handtaschen und Koffer – alles aus feinstem Leder hergestellt.
Via Mazzini 38

Am Abend

Harry's Bar ■ e 2
Gepflegte American Bar, in der man köstliche Cocktails und Longdrinks schlürfen kann.
Via Carducci 2; So, Di–Do 17–0.30, Fr, Sa 17–1.30 Uhr

Machiavelli ■ E 15, S. 121
Die populärste Diskothek der Stadt, im Stadtteil Barcola an der Küstenstraße. Musik von Italo-Disco bis Hip-Hop.
Viale Miramare 285; Di–So 20–3 Uhr; Eintritt ab 7 €

Teatro Comunale Giuseppe Verdi M ■ d 3
Erbaut im klassizistischen Stil von Matthäus Pertsch und 1801 eröffnet. Das Theater erinnert an die Mailänder Scala. Zwischen Oktober und Mai finden hier nacheinander eine Opern- und eine Konzertsaison statt. Der Sommer steht im Zeichen der leichteren Kost, vor allem der Operette: Im Juli und August wird hier ein Operettenfestival veranstaltet mit Aufführungen von »Sissi« oder »Land des Lächelns«.
Riva 3 Novembre 1; Tel. 04 06 72 21 11

Service

Auskunft
APT ■ d 3
Via San Nicolò 20; Tel. 04 06 79 61 11, Fax 04 06 79 62 99; Internet: www.triestetourism.it

Bahnauskunft
Hauptbahnhof Triest ■ d 1
Piazza della Libertà 8; Tel. 0 40 41 82 07; Fahrkartenschalter: Tel. 0 40 41 86 12

Flughafen
Aeroporto Ronchi dei Legionari ■ C 14, S. 120
Ronchi dei Legionari, Via Aquileia; Tel. 04 81 77 32 24; 04 81 77 32 25, Flugtickets:

Tel. 04 81 77 32 32; der Stadt-Airterminal ist an der Piazza della Libertà in den Silos zu finden

Führungen
Associazione Guide Turistiche ■ d 3
Via San Nicolò 20; Tel. 0 40 63 66 77

Öffentliche Verkehrsmittel
Triest kann man sehr einfach mit dem Bus kennen lernen. Von Ende Juni bis Mitte Oktober gibt es ein spezielles Angebot: eine Stadtrundfahrt im Öffi (Bus). Treffpunkt: Sa, So um 14 Uhr vor dem Hauptbahnhof. Die Fahrt dauert rund 2 Stunden und kostet 5,50 € pro Person, Kinder bis 10 Jahre fahren frei. Karten gibt's bei den Hotels oder dem **APT Friuli-Venezia Julia**, Riva Tre Novembre 9, Tel. 0 40 36 27 80, oder dem **CAT** (im Hauptbahnhof, Piazza della Libertà 8, Tel. 04 04 52 86 96). Allgemeine Auskünfte: **Busstation**, Piazza della Libertà 8; Tel. 0 40 42 50 01.

Parken
Gebührenpflichtige Parkplätze findet man in ganz Triest. Will man sich die lange Suche ersparen, parkt man sein Auto aber am besten in den Silos (Parkgaragen) neben dem Hauptbahnhof (Piazza della Libertà 8).

Ziele in der Umgebung

Der Karst ■ D 15–F 16, S. 121

Weiße zerklüftete Zacken, die aus Wogen von Grün ragen, dazwischen Weinberge und Klippen, die bis zum Meer abfallen – das ist der Triestiner Karst. Er umhüllt die Stadt Triest wie ein Mantel: ein karges und zerklüftetes Gebiet, rund 700 qkm groß, das sich auch jenseits der Grenze in Slowenien fortsetzt.

Entstanden vor rund 100 Millionen Jahren im Urmeer, aus bis zu 2 km dicken Kalkablagerungen von Pflanzen und Tieren. Vor 45 Millionen Jahren hob sich diese Schicht aus dem Wasser und bildete die heute durch Wind und Wetter zerfurchten Felsmassive, die sich vom **Val Rosandra** im Süden bis **Monfalcone** im Norden erstrecken. Im Norden, bei **Duino Aurisina**, reicht der Karst bis ans Meer und fällt steil ab; rund um die Stadt **Triest** hat er sich auf einen Höhenzug zurückgezogen, und im Süden geht er über in die fruchtbare Landschaft Istriens. Der Fluss **Timavo**, der einst an der Oberfläche floss und ein Tal auswusch, gab dem Karst seine heutige Form einer Hochebene. Im weichen Stein sind durch Wasserläufe über Jahrmillionen Höhlen und Dolinen entstanden. Eine der größten dieser Höhlen ist die **Grotta Gigante** (→ S. 37) im Gemeindegebiet von Sgonico. 2

Der Karst wurde bereits vor Jahrtausenden besiedelt, die **castellieri** waren typische, in den Hügeln gelegene und mittels einer Steinmauer geschützte Dörfer. Auch die Helden der griechischen Mythologie kannten den Karst: Jason und seine Argonauten landeten auf ihrer Flucht aus Kolchis am Delta des Flusses Timavo, einer der heiligen Flüsse der Antike. Entsprungen in Slowenien, verschwindet er bei San Canziano, ebenfalls noch jenseits der slowenischen Grenze, unter der Erde und tritt erst 35 km weiter, bei der kleinen gotischen Kirche San Giovanni in Tuba, nördlich von Duino (und auch nahe der Autobahn) mit drei Quellen wieder ans Tageslicht.

Bei der Kirche San Giovanni in Tuba mit ihren frühchristlichen Mosaiken beginnt auch ein kleiner Spazierweg, auf dem man zur **Grotta del Mitreo**, einem antiken, dem römischen Gott Mitra geweihten Heiligtum, gelangt. In der Nähe, neben der Autobahn Venedig–Triest, die den Karst von Süd nach Nord durchschneidet, sieht man die Überreste eines römischen **mansio**, einer »Raststätte« an der antiken »Autobahn« Tergeste–Aquileia.

Heute leben im Karst rund 50 000 Menschen mit einer eigenen Kultur, wozu auch der slowenische Dialekt gehört. Das Leben dort ist nicht mehr so karg wie früher. Durch den Tourismus hat die Region einen Aufschwung erfahren: Die ursprüngliche Landschaft lockt Wanderer, Bergsteiger und Radfahrer an, aber auch jene, die sich auf der **Strada del Vino** auf die Spuren des Terrano-Weines machen oder einfach die kulturellen Schätze der Region entdecken wollen. Nach dem Fall des Eisernen Vorhangs ist auch ein Abstecher hinüber in den slowenischen Karst kein Problem mehr.

Duino Aurisina

■ D 15, S. 121

8300 Einwohner
18 km von Triest

Ein kleiner Fremdenverkehrsort mit einem hübschen Hafen und einigen Restaurants. Das steil auf Klippen erbaute **Schloss** (14. Jh.) war einstmals Sitz der Lehensherren des Patriarchats von Aquileia und ist seit dem 18. Jh. im Privatbesitz der Fürsten von Thurn und Taxis. Leichter zu erreichen ist das **Castello di Dama Bianca**, eine Ruine auf einem Felsen am Meer. Dort soll der Legende nach der Geist der weißen Dame spuken. Rund um Duino gewinnt man seit 2000 Jahren den bekannten Duineser Marmor, der als Baumaterial in vielen italienischen Städten verwendet wurde – unter anderem in Aquileia und Triest. Einen letzten Aufschwung erfuhr der Marmorabbau Ende des 19. Jh., als der Marmor für die Neugestaltung Triests von hier geliefert wurde. Um 1890 arbeiteten in den Steinbrüchen der Gegend rund 3000 Menschen.

Zerklüftete Felsformationen, schöne Ausblicke auf das Meer, die Steilküste und das Schloss von Duino: Der Wanderweg nach Sistina hat schon den Dichter Rilke inspiriert (→ S. 34).

Sehenswertes

Rilke Weg (Sentiero di Rilke)
Dem Prager Dichter ist ein Weg entlang der Steilküste gewidmet, den er der Legende nach gerne gegangen ist und der ihn zu seinen **Duineser Elegien** inspiriert hat. Entlang des 1,5 km langen Weges nach Sistina haben die Bora – der mediterrane Fallwind –, die Sonne und das Meer im Kalkstein ihre Spuren hinterlassen und ihn zum Teil zu illustren Konstruktionen verformt. Dazwischen hat man immer wieder herrliche Ausblicke auf den Golf di Panzano, die Küste und das prachtvolle Schloss von Duino.
Duino; Dauer hin und zurück: ca. 1 Stunde

Sistiana
Sistiana, das ehemalige römische Sextilianus, liegt 3 km südlich von Duino am Meer. Dort hatten einst römische Steinbruchunternehmer ihre Villen. Heute ist die Bucht von Sistiana bei Triestinern und Gästen als Badestrand beliebt.

Essen und Trinken

Alla Dama Bianca
Gepflegtes Restaurant mit großer Terrasse direkt am kleinen Hafen von Duino. Übernachtungsmöglichkeit in sieben Zimmern.
Duino Porto 61/c; Tel. 04 02 81 37 ★★
AmEx DINERS EURO VISA

Einkaufen

Edi Kante
Der Winzer demonstriert, dass man aus einer der wichtigsten Reben des Karst, der weißen Vitovska, auch einen großen Wein machen kann. Daneben hat er noch Terrano, aber auch Chardonnay, Malvasia und Sauvignon im Angebot. Besuch nur nach Voranmeldung.
Prepotto 3; Tel. 0 40 20 07 61

Miramare

E 15, S. 121

Auf einer Klippe erbaut, schneeweiß, im blauen Meer der Brandung trotzend, sieht Miramare heute noch aus wie ein Märchenschloss. Es befindet sich 5 km nördlich von Triest an der Küste, erbaut auf einer Felsklippe. Eigentlich sollte es spanisch Miramar heißen, so der Plan seines Erbauers, des österreichischen Erzherzogs Maximilian. Aber schlussendlich nannte es auch der Erzherzog selbst italienisch Miramare, und dieser Name blieb ihm erhalten. 1

Obwohl Maximilian die Planung einem Architekten, Carl Junker, übergab, war er selbst maßgeblich bei allen Entscheidungen beteiligt. Die Architektur zitiert Baustile vom Mittelalter bis zum Klassizismus. Vier Jahre (1856–1860) dauerte es, um dieses »Liebesnest« für Maximilian von Habsburg und seine Frau Charlotte von Belgien zu bauen. Der Erzherzog lebte hier allerdings nur vier Jahre, bis ihn der Ruf ereilte, Kaiser von Mexiko zu werden. Sein Gastspiel in Amerika endete blutig: Er wurde von den Revolutionären Benito Juárez' erschossen. Charlotte kam über den Tod Maximilians nicht hinweg: Sie fiel immer mehr in geistige Umnachtung und verbrachte den Rest ihres Lebens – sie starb 1927 – in Belgien.

Die Atmosphäre des Schlosses ist authentisch – die Räume sind noch mit der Originalausstattung erhalten. Das tragische Ende Maximilians und Charlottes verleiht dem Ort auch heute noch einen Hauch romantischer Melancholie (im Juli und August wird bei **»Luci e Soni«** im Licht von Scheinwerfern und Feuerwerk musikalisch die tragische Geschichte des Paares dargestellt). Manche sprechen sogar von einem Fluch, der über dem Schloss liegen soll: Alle, die hier lebten, starben fern der Heimat. So auch Amedeo, Duca d'Aosta, der hier von

1931 bis 1938 wohnte. Er kam in Afrika ums Leben. An ihn erinnert, ebenso wie an Maximilian, eine Statue im Park.

Spaziergang

Das Parterre des Schlosses war der Wohnbereich des erzherzöglichen und späteren kaiserlichen Paares, der erste Stock war für Gäste und Repräsentation bestimmt. Nach der Eingangshalle und dem pompösen Treppenhaus betritt man im Erdgeschoss das Schlafgemach Maximilians – es wurde wunschgemäß seiner Koje auf dem Schiff »Novara« nachgebaut, dem Flaggschiff der kaiserlichen Flotte, mit dem Maximilian nach Mexiko aufbrach. Sein Arbeitszimmer (Novara-Zimmer) ist dem Heckraum des Admiralsschiffes nachempfunden. In der nebenan liegenden Bibliothek sind 7000 Bücher untergebracht. Am Schreibtisch mit dem großen Globus davor arbeitete Maximilian.

Einer der nächsten Räume, Charlottes Wohnzimmer, ist im Biedermeierstil eingerichtet. Dort befindet sich ein großes Bild von Kaiserin Maria Theresia. In einem Eckraum des Turms liegt das Boudoir der Erzherzogin, mit einem Portrait ihres Mannes an der Wand. Die Einrichtung des Schlafzimmers auf der Südseite ist ein Hochzeitsgeschenk der Stadt Mailand.

Von Charlottes Umkleidezimmer kommt man anschließend in die Kapelle mit ihren geschnitzten Vertäfelungen und den Abbildungen der zwölf Aposteln. An der Decke sind eine Madonna mit Kind, die Erzengel und Österreichs Schutzheilige zu sehen. Eine technische Spielerei birgt das Windrosenzimmer: Die Windrose an der Decke ist mit einer Wetterfahne am Dach des Schlosses verbunden und zeigt die aktuelle Windrichtung an.

Über die Vorhalle erreicht man den ersten Stock. Zu seiner Zeit nahmen Besucher natürlich sofort diesen Weg, ohne die Räume des Erzherzogs und seiner Gemahlin zu betreten. Das Gesellschaftszimmer des Fürsten ist in der Farbe Rot gehalten. Nach Herrschaftszimmer, Audienz- und Unterhaltungsraum folgen zwei Wohnzimmer – auf Wunsch Charlottes in japanischem bzw. chinesischem Stil eingerichtet. Der Cesare dell'Aqua-Raum wurde nach dem Maler benannt, der die wichtigsten Ereignisse der Geschichte des Örtchens Grignano, in dessen Gebiet das Schloss steht, dokumentiert hat. Imposant ist auch der Thronsaal mit einem Stammbaum der Habsburger an der Wand.

An die Räume Maximilians und Charlottes schließen im südlichen Teil des Schlosses noch die im Vergleich zum Prunk des Erzherzogs kargen Räume Amedeo d'Aostas an, der hier in den 30er Jahren lebte.

Der **Park** von Miramare ist eines der wichtigsten Naherholungsgebiete der Triestiner – und ein beliebtes Ausflugsziel der zahlreichen Touristen, die die Stadt besuchen. Hier kann man auf schattigen Wegen spazieren gehen oder auf der sonnigen Terrasse des Caffè Massimiliano etwas trinken. Maximilian selbst war an der Planung des Parks beteiligt und wählte die zum Teil exotischen Pflanzen und Bäume aus. Man spaziert vorbei am Schwanensee, einem Lotusteich, dem **castelletto**, ein kleines Schlösschen, das heute das Besucherzentrum des WWF-Reservats ist, oder einer kleinen Kapelle mit einem Kreuz aus dem Holz der »Novara«. Sehenswert sind auch die Schmetterlingsausstellung (März–Sept. tgl. 10–17 Uhr) sowie der kleine Bootshafen neben dem Schloss und die jüngst renovierte **scuderie**, die ehemaligen Pferdeställe, vor dem Parkeingang, in denen diverse Wechselausstellungen zu sehen sind.

Der Küstenstreifen vor dem Schloss ist ein 30 ha großes Wasserschutzgebiet des WWF (World Wide Fund for Nature), das man nur zu bestimmten Zeiten im Rahmen einer Tauchexkursion erkunden kann. Man kann aber auch von der Uferpromenade aus die Kormorane auf den Felsen beobachten. Eine Dokumentation über die Arbeit der Organisation ist in dem Besucherzentrum im **casteletto** zu sehen (Infos unter Tel. 0 40 22 41 47).

Miramare; Bus 36 ab Piazza Oberdan bzw. Hauptbahnhof; Schloss: Nov.–Feb. tgl. 9–16, März–Okt. tgl. 9–18 Uhr; Park: Nov.–Feb. tgl. 9–17, März–Okt. tgl. 9–19 Uhr; Eintritt 4 €

Monrupino

E 15, S. 121

850 Einwohner
10 km von Triest

Der Karst östlich von Triest ist wohl der typischste Abschnitt dieser Landschaft: In der rauen, felsigen, aber auch von Laubwäldern bestandenen Region haben sich einige malerische Dörfer mit alten Kirchen und steinernen Häusern erhalten. Sogar die Dächer dieser Bauten wurden früher mit Stein gedeckt. **Monrupino** und **Rupingrande** haben ihren Namen von **rupen**, dem wertvollsten Typus des Karst-Marmors, der nur hier zu finden ist und wegen seiner Härte sehr geschätzt wird.

Monrupino ist ein befestigter Weiler – Tabor genannt – aus dem Mittelalter, in dem die Bauern der Umgebung Schutz vor den Türken fanden. Neben der Kirche, einem beliebten Wallfahrtsziel aus dem 16. Jh., steht noch eines der typischen alten Steinhäuser des Karstes. Alle zwei Jahre im August ist Monrupino Schauplatz der Karsthochzeit, einer Wiederbelebung der traditionellen Hochzeitszeremonien, bei der auch die Küche des Karstes mit alten Rezepten zu ihrem Recht kommt.

Sehenswertes

Casa Carsica
Mitten im Ortszentrum von Rupingrande steht die Casa Carsica, ein typisches Haus der Karstregion, in dem ein kleines Völkerkundemuseum mit Haushaltsgeräten und Trachten untergebracht ist.

Monrupino, Rupingrande 31; erreichbar mit der Standseilbahn von der Piazza Oberdan/Triest und dann mit Bus 45 aus Opicina; So, Feiertag 11–12.30, 15–17 Uhr; Eintritt frei

Essen und Trinken

Krizman
Traditionelle Karstküche und entsprechende Weine in einem stimmungsvollen Lokal mit eigentümlichem Dekor: ausgestopfte Vögel und Hirschgeweihe. Im Sommer schattiger Gastgarten. Angeschlossenes Hotel.

Monrupino, Rupingrande 76;
Tel. 04 03 27 11 15, Mo Mittag, Di geschl.
★★ AmEx DINERS EURO VISA

MERIAN-Tipp

Osmize sind die Karstform der Buschenschank: Acht Tage im Jahr (osem ist das slowenische Wort für acht) konnten die Bauern der Region ihre eigenen Produkte – meist Wein oder Gemüse – ab Hof verkaufen bzw. ausschenken – so erlaubte es ein Dekret von Kaiser Josef II. von 1784. **Osmize** gibt es noch heute, viele haben inzwischen eine normale Gaststättenbewilligung, meist wird aber der eigene Wein – wie der rote Terrano oder der weiße Vitoska – ausgeschenkt.

Einkaufen

Strada del Vino Terrano
Rund 30 Kellereien, wo man den rustikalen und recht herben roten Terrano – und auch einige andere Weine – verkosten und auch kaufen kann, sind entlang der Strada del Vino Terrano zu finden.
Auskunft gibt das **Consorzio Tutela Vini DOC del Carso**.
Rupingrande, Veliki Repen, 20;
Tel. 0 40 32 74 07

Muggia

■ E 16, S. 121

13 000 Einwohner
8 km von Triest

Muggia ist ein venezianischer Fleck am Golf von Triest, kurz vor der slowenischen Grenze: Seit dem 13. Jh. streng der Serenissima ergeben, besitzt es einen kleinen geschützten Hafen und eine kleine Burg. Das **Rathaus** auf der zentralen Piazza G. Marconi ziert der Markuslöwe. Die Fassade der schräg gegenüberliegenden gotischen Kathedrale **SS. Giovanni e Paulo** ist aus weißem Istria-Stein und mit einer kostbaren Rosette verziert.

Über einen kleinen Spazierweg kommt man zur mittelalterlichen **Muggia Vecchia** auf dem Monte San Michele, hier ist die Basilika **Santa Maria Assunta** sehenswert: Sie ist romanischen Ursprungs und besitzt in ihrem Inneren Skulpturen aus dem 9. Jh. und einen reichen Freskenschmuck. Vom Kirchplatz hat man einen schönen Blick über das Meer.

Essen und Trinken

Trattoria Risorta
Feine **risotti** und beste Fischküche in einer gepflegten Trattoria mit Blick aufs Meer.
Muggia; Riva Edmondo De Amicis 1;
Tel. 0 40 27 12 19; So abends, Mo geschl.
★★ AmEx DINERS EURO VISA

Sgonico

■ E 15, S. 121

2200 Einwohner
14 km von Triest

Sgonico umfasst mehrere kleine Ortschaften mit typischer Karstarchitektur, bekannt ist die Gemeinde aber vor allem wegen einer der größten Sehenswürdigkeiten des Karstes: die **Grotta Gigante**.

Sehenswertes

Carsiana
Botanischer Garten. Hier kann man die vielfältige und einzigartige Pflanzenwelt des Karst entdecken.
Sgonico; Tel. 0 40 22 95 73; Ende April–Mitte Okt. Di–Fr 10–12, Sa, So 10–13, 15–19 Uhr; Eintritt 3 €

Grotta Gigante
In der Grotta Gigante (107 m hoch, 280 m lang, 65 m breit), einer der schönsten Karsthöhlen und zugleich die größte touristisch zugängliche Höhle der Welt (seit 1995 daher auch im »Guinness Book of Records«), hätte sogar der Petersdom Platz. Sie befindet sich knapp 14 km nördlich von Triest. Entstanden ist sie durch einen unterirdischen Fluss, der den Stein des Karstes über Jahrmillionen ausgeschwemmt hat. Nachdem er sein Flussbett verlegt hatte, wurden durch den herabtropfenden, im Wasser gelösten Kalk jene illustren Felsformationen geschaffen, die man heute noch sieht. Nur wenige Schritte vom Ausgang befindet sich das Skelett eines **Ursus spelaeus**, eines Höhlenbären – der allerdings nicht hier gefunden wurde. Der geführte Rundgang geht über ca. 500 Stufen und dauert 50 Minuten. 2
Borgo Grotta Gigante; Tel. 0 40 32 73 12; April–Sept. tgl. 10–18 Uhr (Einlass alle 30 Minuten), März und Okt. tgl. 10–16 Uhr, Nov.–Feb. tgl. 10–12, 14–16 Uhr (Einlass stündlich); Eintritt 7,50 €

Die friulanische Küste ist eine der schönsten Regionen des Adriatischen Meeres – hier wechseln sich kilometerlanger Sandstrand ab mit grünen Lagunen und weißen Felsen.

An der friulanischen Küste finden sich einige der bekanntesten Badeorte Italiens ebenso wie einzigartige Naturreservate oder bedeutende historische Städte.

Aquileia

■ BC 15, S. 120

3000 Einwohner

Aquileia war einst die Beherrscherin des nördlichen Adriaraumes mit über 100 000 Einwohnern und ist die älteste Stadt des Friaul. Von hier zweigten seit den Zeiten der Römer bedeutende Handelsstraßen ab, und später beherrschten die Patriarchen von Aquileia Venetien und Istrien. Mit einem großen Flusshafen ausgestattet, hatte es gleichzeitig eine geschützte Lage und eine optimale Verbindung zum Meer. Aufgrund seiner archäologischen Schätze hat die UNESCO Aquileia zum Weltkulturerbe ernannt: Grabungen brachten die Reste des **Forum Romanums** und eine **Basilika** zutage, ein **Mausoleum, Mosaikböden, Grundmauern** von Häusern und ein großer **Flusshafen** wurden freigelegt.

3

Aquileia wurde im Jahre 181 v. Chr. an einem neuralgischen Punkt gegründet: Hier trafen sich die Straßen, die von Rom in die östlichen Provinzen führten, und hier zweigten die Straßen nach Norden ab. Die Kunstgewerbe-Erzeugnisse der Stadt wurden vielfach exportiert. In Linz zum Beispiel wurden zwei Flaschen aus grünem Glas gefunden, die eine Art antiker Werbespruch schmückte: »Sentia Secunda facit Aquileiae vitra« – Glas aus Aquileia von Sentia Secunda. Dass Aquileia seinen Namen von **aquila** ableitet, einem Adler, der sich zeigte, als die Grenzen der Stadt gezogen wurden, ist nur Legende. In Wirklichkeit stammt der Name vom Fluss **Aquilis**, der Aquileia im Osten säumte. Vom Flusshafen aus gab es eine Kanalverbindung zur Adria.

Seine Glanzzeit erlebte Aquileia unter Kaiser Augustus, der es zur Hauptstadt der zehnten Region Italiens (**Venetia et Histria**) machte. Das Christentum verbreitete sich hier sehr früh, schon gegen Ende des 3. Jh. n. Chr. – wohl auch weil in der Handelsstadt sehr viele Menschen aus dem Vorderen Orient heimisch waren. Aquileia wurde ein bedeutendes Kirchenzentrum – nach dem Niedergang des Römischen Reichs auch ein weltliches – und trug viel zur Verbreitung des Glaubens in den nördlichen Regionen bei. Im 5. Jh. schließlich kam ein großer Rückschlag: Zuerst verwüsteten die Westgoten, dann Attilas Hunnen die Stadt.

Aquileia wurde nie mehr so groß wie zuvor. Unter Langobardenherrschaft wurde der ehemalige Machtbereich geteilt: Aquileia kam in den Herrschaftsbereich Cividales, Grado, die Lagune und Istrien unter den Konstantinopels.

Das **Patriarchat von Aquileia** erstarkte in der Zeit Karls des Großen und bildete einen wichtigen Machtbereich in Norditalien. Die gleichnamige Stadt hatte aber nur mehr symbolische Bedeutung: Der Patriarch brachte die meiste Zeit in Cividale zu. Da nützte es auch nicht viel, dass der Patriarch Poppo in den ersten Jahrzehnten des 11. Jh. eine prachtvolle Kathedrale erbauen ließ. 1077 erhielten die Patriarchen von Aquileia vom deutschen Kaiser als Fürsten die Grafschaft Friaul inklusive aller herzöglichen Rechte verliehen. Die weltliche Macht der Patriarchen blieb bis 1420 – bis zur Eroberung des Friaul durch die Venezianer – erhalten.
Die kirchliche Macht wurde 1751 an die Erzbischöfe von Udine und Görz verteilt.

Kein Ort im Friaul zeugt mehr vom Erbe der Römer als Aquileia, die älteste Stadt der Region.

Hotels/andere Unterkünfte

Patriarchi
Gepflegtes Haus und guter Ausgangspunkt, um die Sehenswürdigkeiten von Aquileia zu besuchen.
Via Guilia Augusta 12; Tel. 04 31 91 95 95, Fax 04 31 91 95 96; Internet: www.hotelpatriarchi.it; 23 Zimmer ★★ AmEx DINERS EURO VISA

Sehenswertes

Basilica di Santa Maria Assunta
Natürlich war es nötig, dass man für einen Kirchensitz mit solcher Macht verschiedenste Kirchen errichtete: Die größte und schönste von allen war die Basilica di Santa Maria Assunta. Sie wurde 1031 auf den Resten eines älteren Gebäudes erbaut. Patriarch Poppo ließ auch den 73 m hohen **Campanile** errichten. Gegenüber der Kathedrale sieht man das **Baptisterium** und die **Chiesa dei Pagani**. Die größte Sehenswürdigkeit der Kirche sind die einzigartigen frühchristlichen Mosaiken aus dem 4. Jh., die den größten Teil des Kirchenbodens – rund 750 qm – bedecken. Darunter kunstvolle Arbeiten, die biblische Motive und verschiedene Kirchenväter darstellen. In der Krypta (9. Jh.) sind Fresken aus dem 12. Jh. zu sehen und in der Wölbung der Apsis welche aus dem 11. Jh. Links vom Eingang gelangt man in die **Cripta degli Scavi** mit ihren Mosaiken aus der Kirche des 4. Jh., die von Bischof Teodoro auf den Grundmauern einer römischen Villa errichtet wurde.
Piazza Capitolo

Forum Romanum
Das alte Forum (2. Jh.) mit seinen signifikanten Säulen steht direkt an der Verbindungsstraße Grado–Palmanova. Es stellte das Zentrum des römischen Aquileia dar. In einem Rundgang bis zur Basilika sind der alte Flusshafen und diverse Reste von Wohngebäuden mit im Freien liegenden Mosaiken zu sehen.
Via Giulia Augusta

Museen

Museo Archeologico Nazionale
Die Sammlung ist die bedeutendste und umfassendste Dokumentation aus römischer Zeit in Norditalien: Münzen, Bernstein und Glas sowie Marmorstatuen und Urnen. Besonders kunstvoll ist der Grabstein von Lucio Manlio Acidino (181 v. Chr.), einem der drei Gründer von Aquileia.
Via Roma 1; Mo 8.30–14, Di–So 8.30–19.30 Uhr; Eintritt 4 €

Museo Paleocristiano
Das Museum im Ortsteil Monastero vereint Funde aus den ersten Jahrhunderten der Christianisierung, darunter Sarkophage und schöne Mosaiken.
Piazza Pirano; tgl. 9–13.45 Uhr; Eintritt frei

Essen und Trinken

La Colombara
Solide Adresse in einem mittelalterlichen Gebäude. Hervorragende Fisch- und Grillgerichte.
Via San Zilli 42; Tel. 0 43 19 15 13; Mo geschl. ★★ AmEx DINERS EURO VISA

Service

Auskunft
APT di Grado e Aquileia
Piazza Capitolo; Tel. 04 31 91 94 91

Grado

C 15, S. 120

9300 Einwohner

Grado bezeichnet sich selbst als **»spiaggia del Mitteleuropa«**, der Strand Mitteleuropas. Auf einer herrlichen Halbinsel, mitten im Meer gelegen, beeindruckt es mit Ge- 4

Oben: Ein herrliches Naturschutzgebiet ist die Lagune von Grado. Auf einer Insel befindet sich das Marienheiligtum Santuario di Barbana *(→ S. 43).*

Mitte: Sicherlich eines der großartigsten Kunstwerke im Friaul ist das frühchristliche Bodenmosaik in der Basilica di Santa Maria Assunta in Aquileia.

Unten: Der Fischfang hat eine lange Tradition in Grado. So ist auch die Gradeser Küche vor allem für ihre Fischspezialitäten bekannt.

schichte, italienischem Charisma und seinen herrlichen Stränden. Grado wird auch die **Isola d'Oro** genannt, die Goldinsel, wegen der charakteristischen Farbe seines Strandes. So lautet auch das bedeutendste Werk des Gradeser Schriftstellers Biagio Marin. Er beschreibt darin das Leben in der Stadt und der Lagune zu Anfang des 20. Jh.

Das historische Zentrum ist ein schöner Mix aus kleinen Plätzen, Straßen und alten Gebäuden. Sie erinnern an die lange Geschichte der Stadt, die bis in die Zeiten Aquileias zurückreicht: Im 6. Jh. flohen die Bewohner Aquileias vor den Angriffen der Barbaren auf die Insel. Im Jahre 568, als die Langobarden das Friaul eroberten, floh auch der Patriarch nach Grado und begründete dort ein eigenes Patriarchat, das bis 1451 bestand.

Bekannt ist auch die Gradeser Küche, die vor allem auf Fisch basiert. Jeden Morgen brechen die Boote vom kleinen Hafen aus auf, um in den an Fischen immer ärmer werdenden Fanggebieten der oberen Adria ihre Netze auszuwerfen. Dank des Tourismus haben aber viele Schiffseigner eine Alternative gefunden und vermieten ihre Boote an Wochenendkapitäne.

Hotels/andere Unterkünfte

Residence Nauthotel

Kinderfreundliches Aparthotel zwischen dem Touristenhafen Porto San Vito und dem Strand, unweit vom Zentrum. Mit Spielplatz und Restaurant.
Riva G. da Verazzano 1; Tel. 0 43 18 35 00, Fax 0 43 18 41 22; 42 Zimmer/Appartements ★★ AmEx DINERS EURO VISA

Residence Punta Spin

Weiträumige, kinderfreundliche Bungalow- und Campinganlage in der Pineta, 5 km von Grado entfernt. Mit drei Schwimmbädern, Privatstrand, Supermarkt, Disko und Pizzeria.
Via Rotta Primero 9; Tel. 0 43 18 17 80, Fax 0 43 18 35 30; Internet: www.puntaspin.com; Mobilheim (für 4 Personen) ab 70 € am Tag AmEx DINERS EURO VISA

Savoy MM

Elegantes Grand Hotel in der Fußgängerzone. Drei Schwimmbäder, Talassotherapie und Beautycenter sind angeschlossen.
Via Carducci 33; Tel. 04 31 89 71 11, Fax 0 43 18 33 05; Internet: www.hotelsavoy-grado.it; 83 Zimmer ★★★ AmEx DINERS EURO VISA

Sehenswertes

Basilica di Santa Eufemia

Die Ursprünge der Basilika gehen auf das 6. Jh. zurück. Sehenswert sind vor allem die herrlichen Mosaikböden (700 qm) und das versilberte Altarbild von 1372. Gleich daneben ist der Eingang ins Battisterio – die achteckige Taufkapelle aus dem 5. Jh. besitzt ebenfalls einen schönen Mosaikfußboden. Auf der rechten Seite der Kirche schließt das Lapidario an mit Resten römischer und frühchristlicher Funde. In der Nähe liegt auch die Basilika **Santa Maria delle Grazie,** eine der ältesten frühchristlichen Kirchen des Friaul: Der Vorgängerbau stammt aus dem 4. Jh.
Campo dei Patriarchi

Laguna di Grado

Die Lagune erstreckt sich über eine Länge von 25 km, verbunden mit Kanälen und Inseln. In dem Naturschutzgebiet findet eine Reihe von Vögeln ein ideales Refugium, das man mit geführten Touren vom Riserva Naturale della Valle Cavanata aus erkunden kann. Informationen über Rundfahrten in die Lagune gibt es bei **APT Grado.**
Viale Dante 72; Tel. 04 31 89 91

Piazza Biagio Marin
An den großen Gradeser Dichter erinnert der Platz mit den Resten der Basilica di San Giovanni, deren wertvolle Mosaiken erst 1902 entdeckt wurden.
Piazza Biago Marin

Santuario di Barbana
Auf einer Insel in der Lagune di Grado liegt das bekannte Marienheiligtum, das jedes Jahr am ersten Sonntag im Juli und am 15. August Ziel einer Schiffsprozession ist. Aber auch zur übrigen Zeit ist die kleine Insel einen Besuch wert. Schiffsverbindung stündlich ab Grado (Anlegestelle am Canale della Schlusa).

Terme Marine
1892 ernannte Kaiser Franz Josef Grado zum offiziellen Kurort der Habsburgermonarchie. Die Meeres-Thermalbäder – natürlich inzwischen modernisiert – sind noch immer in Betrieb und bekannt für ihre Meerwasser-Therapieanwendungen, die Behandlungen für Gefäßerkrankunkungen und die Haut- und Schönheitsmedizin. Angeschlossen ist auch ein Thermalwasserpark mit einem 85 m langen Becken.
Via Amerigo Vespucci; Okt.–April geschl.; Eintritt 9 €

Essen und Trinken

Da Nico M
Die beste Trattoria von Grado, bekannt wegen der exzellenten Fischküche und der riesigen Weinauswahl. Versuchen Sie die **boreto gradese**, die Gradeser Fischsuppe!
Via Marina 10; Tel. 0 43 18 04 70; Do geschl. ★★ keine Karten

Enoteca da Pino
Beliebter Treffpunkt, um eine Kleinigkeit zu essen, vor allem aber, um ein Gläschen oder zwei aus der breiten Auswahl offener Weine aus dem Friaul zu verkosten. Hier kann man einen gemütlichen Abend verbringen.
Via Galilei 13; Tel. 0 43 18 42 87; Mo geschl.
★★ AmEx DINERS EURO VISA

Taverna Marinara
Zum Urlaub in Grado gehört die gute Fischküche: Ebenfalls ein sicherer Tipp für exzellenten Fisch. Familiäre Atmosphäre inmitten der Altstadt.
Via Marina 29; Tel. 0 43 18 05 50; Di geschl.
★★ AmEx DINERS EURO VISA

Service

Auskunft
APT Grado
Viale Dante 72; Tel. 04 31 89 91

Latisana

■ E 11, S. 119

11 000 Einwohner

Latisana ist seit römischer Zeit als Flusshafen bekannt. Aus dem 18. Jh. stammt die **Chiesa di San Antonio** im Franziskanerkloster. Der Campanile besitzt einen Zwiebelturm. In der Renaissance liegen die Ursprünge des Heiligtums **Santuario della Beata Vergine delle Grazie di Sabbionera** mit einer hölzernen Madonnenstatue (1914). Bis vor einiger Zeit gehörte zu Latisana auch Lignano, heute hört das Gemeindegebiet am Hafen von Aprilia Marittima auf.

Sehenswertes

Duomo
Der größte Schatz des Doms ist ein Bild von Paolo Veronese (1528–1588), **Il Battesimo di Cristo**, die Taufe Christi. Daneben ist aber auch noch eine Reihe anderer Kunstwerke zu sehen, beispielsweise ein prächtiges Altarbild von Giovanni Battista Grassi (Heilige Familie, 1568) auf einem der kunstvollen Marmoraltäre (18. Jh.).
Piazza Independenza

Lignano Sabbiadoro

F 11, S. 119

5600 Einwohner

Mit seinem 8 km langen goldenen Sandstrand und den Hotelburgen sagt man zu Lignano Sabbiadoro (Sabbiadoro heißt Goldstrand) auch »Florida Italiens«. Vielleicht deshalb war Ernest Hemingway besonders angetan von diesem Ort zwischen dem Adriatischen Meer und der Lagune von Marano mit ihren Kanälen und den Schifferhütten aus Schilf.

Als Hemingway Lignano besuchte, war der Badeort noch jung – das erste Bad wurde 1903 errichtet. 1935 wurde er offiziell Erholungsort. Erst Mitte der 50er Jahre wurde mit dem Bau von **Lignano Pineta** begonnen, angelegt in einer Spiralform, um – so der Wunsch des Architekten – immer Grün vor sich zu haben. Und erst jüngst wurde **Lignano Riviera** zwischen der Pineta und dem Flussdelta des Tagliamento errichtet. Heute ist Lignano einer der bekanntesten Badeorte der Adriaküste mit einem regen Nachtleben und einem umfassenden touristischen Angebot.

Hotels/andere Unterkünfte

Atlantic
Feine Herberge für alle, die Ruhe und Frieden suchen und trotzdem direkt am Meer sein wollen. Pool und hoteleigener Badestrand.
Lungomare Trieste 160; Tel. 0 43 17 11 01, Fax 0 43 17 11 03; 61 Zimmer ★★
AmEx DINERS EURO VISA

Greif M
Luxuriöses Fünf-Sterne-Hotel am Meer, direkt neben einem schönen Park. Pool, eigener Strandabschnitt und Fitnessmöglichkeiten sowie ein sehr gutes Restaurant.
Arco del Grecale 27; Tel. 04 31 42 22 61, Fax 04 31 42 72 71; 75 Zimmer ★★★
AmEx DINERS EURO VISA

Pino Mare
Gepflegter Campingplatz im Pinienwald von Lignano Riviera.
Lungomare R. Riva 15, Lignano Riviera; Tel. 0 43 14 24 42 45; ab 15 € pro Person/Stellplatz

Sehenswertes

Chiesetta di Santa Maria
Die kleine Kirche mit ihren Fresken aus dem 15. Jh. wurde, als Überflutung drohte, von den Ufern des Tagliamento unter die Pinien verlegt.
Lignano Pineta

Parco Zoo Punta Verde
Der Zoo von Lignano gilt als einer der schönsten Norditaliens: 2000 Tiere aus aller Welt machen einen Zoobesuch lohnenswert (→ S. 85).
Lignano Riviera, Via Scerbanenco 19/1; März–Okt. tgl., Feb. nur So 9 Uhr bis Dämmerung; Eintritt 8 €

Museen

Museo della Stella
Im kleinen Museum in der **Casa del Marinaretto** (in der Gemeinde Palazzolo) ist eine Sammlung prähistorischer Funde sehenswert.
Palazzolo, Loc. Precenicco;
wegen Renovierung zur Zeit geschl.

Essen und Trinken

Bidin
Das beste Fischrestaurant der Stadt. Empfehlenswert ist das **»antipastone« di Bidin** mit Tintenfischsalat.
Viale Europa 1, Lignano Sabbiadoro; Tel. 0 43 17 19 88; Mi geschl. ★★
AmEx DINERS EURO VISA

La Botte
In dieser traditionellen Pizzeria gibt es die beste Pizza Lignanos!
Corso degli Alisei 12, Lignano Sabbiadoro; Tel. 04 31 42 21 83; kein Ruhetag ★
AmEx DINERS EURO VISA

Am Abend

Aqua Terrazza a Mare
Eine der bekanntesten und besten Diskos von Lignano, direkt am Meer gelegen.
Lungomare Trieste, Lignano Sabbiadoro; tgl. ab 20 Uhr; Eintritt ab 6 €

Wunderbar
Hier trifft sich die Jeunesse dorée der Stadt auf einen Drink.
Lungomare Trieste 46, Lignano Sabbiadoro; tgl. 11.30–15, 17.30–23.30 Uhr

Service

Auskunft
APT di Lignano e della Laguna di Marano
Via Latisana 42, Lignano; Tel. 0 43 17 18 21, Fax 0 43 17 04 49

Marano Lagunare

■ F 11, S. 119

2200 Einwohner

Marano ist ein alter Fischerhafen, in dem die Fischerei heute noch eine wichtige Rolle spielt. Bis Ende des 19. Jh. existierten noch die Mauern des befestigten Hafens, den der Patriarch von Aquileia, Poppo, rund 900 Jahre früher errichten ließ. Ein letzter Rest davon ist der **Torre Patriarcale** auf der Piazza Centrale. Venedig eroberte Marano im Jahre 1543.

Neben der **Chiesa di San Martino** sind aus der venezianischen Zeit noch die Loggia und der **Palazzo dei Provveditori** sehenswert.

Die **Laguna di Marano** ist eine ursprüngliche Küsten- und Flusslandschaft mit einer einzigartigen 9 Fauna und Flora. Über die Jahrhunderte haben sich hier die Eingriffe des Menschen in Grenzen gehalten. Heute sind Zerstörungen durch die Schaffung von Naturparks weitgehend unmöglich gemacht worden.

Sehenswertes

Riserva Naturale delle Foci dello Stella
Das Naturreservat an der Mündung des Flusses Stella in die Lagune ist fast 1400 ha groß. Den Stella kann man im Rahmen einer geführten Tour auch mit dem Boot befahren.

Riserva Naturale Valle Canal Novo
Das 120 ha große Reservat besitzt ein Besucherzentrum, in dem man einen Einblick in die Flora und Fauna, aber auch in die Fischerei in der Lagune gewinnen kann. Das Besucherzentrum ist in den typischen **casoni**, den Fischerhäusern der Lagune, untergebracht. Von dort aus kann man die Vögel in der Lagune beobachten. Information bei
APT di Lignano e della Laguna di Marano
Via Latisana 42, Lignano; Tel. 0 43 17 18 21, Fax 0 43 17 04 49

Monfalcone

■ C 14–15, S. 120

27 000 Einwohner

Monfalcone gehörte, im Gegensatz zum übrigen Gebiet entlang des Isonzo, ab 1420 zu Venedig. Daran erinnert auch der Bisiaco, ein alter venetischer Dialekt, der noch heute von einem Teil der Bewohner gesprochen wird.

Heute ist Monfalcone vor allem ein wichtiger Seehafen mit der dementsprechenden Atmosphäre einer Hafenstadt und mit Werften, in denen Kreuzfahrtschiffe gebaut werden. Sehenswert ist die **Rocca**: In der ehemaligen Festung ist heute ein **Paläontologisches Museum** untergebracht (Via Valentinis 134). Nur ein paar Kilometer von Monfalcone entfernt liegt die Stadt **Ronchi dei Legionari** mit dem Regionalflughafen von Friaul-Julisch Venetien.

Gorizia, das altösterreichische Görz, liegt im Südosten des Friaul. Es ist umgeben von Weinbergen und war während des Ersten Weltkrieges Schauplatz der Isonzoschlachten.

Gorizia ■ D 13–14, S. 121

38 000 Einwohner
Stadtplan → S. 49

Gorizia – oder Görz auf Deutsch – war einst Sitz eines der bedeutendsten Herrschergeschlechter des Mittelalters, deren Herrschaftsbereich sich von Südtirol über Kärnten bis nach Istrien ausdehnte. Im Jahre 1500, als der letzte Görzer Graf starb, erbte das Haus Habsburg die Besitzungen, und dort blieben sie, bis 1918.

Das **Castello** der Grafen von Görz steht beherrschend auf einem Hügel über der Stadt. Im 11. Jh. erbaut, wurde es später von den Venezianern und den Österreichern befestigt. Nachdem es aber im Ersten Weltkrieg schweren Bombardements ausgesetzt war, wurde es zwischen 1933 und 1937 im Stil des 16. Jh. wieder aufgebaut. Die Stadt Gorizia breitet sich zu Füßen des Burghügels aus. Sie ist das regionale Zentrum und Sitz der Provinzialregierung. Die Grenze zu Slowenien verläuft praktisch durch die Stadt: **Nuova Gorizia** – Neu-Görz – heißt der slowenische Teil.

Hotels/andere Unterkünfte

Alla Transalpina nordöstlich ■ c 1
Jüngst renoviertes Hotel in einem alten Gorizianer Wohnviertel nahe der alten Eisenbahnstation der Transalpina und unweit der italienisch-slowenischen Grenze. Gutes Restaurant mit schöner Terrasse.
Via Caprin 30; Tel. 04 81 53 02 91, Fax 04 81 53 54 75; 30 Zimmer ★★
AmEx DINERS EURO VISA

Nanut südlich ■ a 3
Zentral gelegenes Haus mit kleinem Garten und gemütlicher Terrasse. Die Zimmer haben Standardkomfort.
Via Trieste 118; Tel. und Fax 0 48 12 05 95; 27 Zimmer ★★ AmEx DINERS EURO VISA

Spaziergang

Wir beginnen unseren Spaziergang am **Castello** – dem Burgberg mit seinen Bauten – und besuchen als erstes die **Burg** mit ihren Sammlungen. Vom obersten Geschoss aus hat man einen schönen Blick über die Stadt. Gleich neben der kleinen Kirche **Santo Spirito** (13. Jh.), im Ersten Weltkrieg zerstört und später wieder aufgebaut, befindet sich das **Museo della Grande Guerra**. Über die ehemaligen Bastionen und über die Viale Gabriele d'Annunzio kehren wir wieder ins Zentrum zurück.

Der **Duomo SS. Ilario e Taziano** mit seinen Kunstwerken ist einer der imposantesten Kirchenbauten der Stadt. Zusammen mit der anliegenden **Piazza Sant'Antonio** stellt die **Piazza del Duomo** den Kern der Altstadt dar. Sie wird auf einer Seite durch die Kolonnaden des **Palazzo Lantieri** (16. Jh.) abgegrenzt. Auf der anderen Seite ist die schöne Fassade des **Palazzo Strassoldo** (im 17. Jh. Residenz der letzten Bourbonen) zu bewundern.

Das slowenische und auch das österreichische Erbe sind in Görz noch immer präsent – beispielsweise auf Geschäftsnamen in der Via Rastello, der kleinen Einkaufsstraße im Zentrum. Von hier gehen wir zur

Piazza della Vittoria mit dem 1756 errichteten Neptunsbrunnen, der **Fontana del Nettuno**. Gegenüber befindet sich die prächtige, mit Zwiebeltürmen gekrönte Jesuitenkirche aus dem 17. Jh. Die Hauptstraße weiter hinunter kommt man zur **Piazza de Amicis** mit dem **Palazzo Attems-Petzenstein**, 1754 als prachtvoller Barockpalast nach den Plänen vom späteren Wiener Hofarchitekten Nicolaus Pacassi errichtet. Hier hat normalerweise die Pinakothek ihren Sitz, der Palazzo wird jedoch derzeit umgebaut. Ein kleiner Teil der Kunstwerke ist im **Museo di Storia e d'Arte** auf dem Burgberg zu besichtigen.

Sehenswertes

Castello ■ b 2

29 Monate lang, von 1915 bis 1917, war der Südwesten des Friaul Kriegsschauplatz. Während dieser Zeit wurden zahlreiche wertvolle Denkmäler zerstört. Das Schloss von Gorizia (12. Jh.) war eines davon – fast nur die Grundmauern blieben übrig. Allerdings ergab sich durch den Wiederaufbau ein Vorteil: Das Schloss konnte in seiner mittelalterlichen Gestalt wiedererstehen, in der es sich heute noch präsentiert. Im Inneren des Schlosses ist die mittelalterliche Einrichtung – von der Küche bis zu den Verliesen und der Waffenkammer – sowie eine Geschichtsdokumentation von Gorizia und den Görzer Grafen zu sehen.

Borgo Castello; Nov.–März Di–So 9.30–18, April–Okt. Di–So 9.30–13, 15–19.30 Uhr; Eintritt 3,20 €

Chiesa Sant' Ignazio ■ b 2

Die ehemalige Jesuitenkirche mit den zwei Zwiebeltürmen wurde im 17. Jh. erbaut und dem hl. Ignatius von Loyola gewidmet, dessen Statue auf einem Podest über der Tür thront. Im Inneren ist die harmonische Gesamtstruktur zu bewundern.

Piazza della Vittoria

Das mittelalterliche Castello von Gorizia thront auf einem Hügel über der Stadt.

Duomo ■ b 2–3
Leider wurde der Dom während der Schlachten rund um Gorizia im Ersten Weltkrieg schwer beschädigt, wobei eine Reihe von Kunstgegenständen zerstört wurde. Viele sind glücklicherweise erhalten geblieben, u. a. Skulpturen von Giovanni und Leonardo Pacassi. Im Dom ist auch die Grabplatte von Leonhard, dem letzten Görzer Grafen, zu sehen, der allerdings in Lienz in Osttirol begraben liegt.
Piazza del Duomo

Palazzo Coronini-Cronberg ■ a 1
Der Palast aus dem Ende des 16. Jh. hat dem Publikum derzeit nur seinen herrlichen Park zu bieten: Die prachtvollen Salons werden gerade restauriert.
Viale XX Settembre 14

Museen

Museo della Grande Guerra ■ b 2
Eindrucksvolles Provinzmuseum, das mit Erinnerungsstücken und mit nachgebauten Schützengräben – inklusive Kanonendonner – die Schrecken des Krieges zu verdeutlichen versucht. Angeschlossen sind ein interessantes Mode- und Textilmuseum.
Borgo Castello 15; Di–So 10–19 Uhr; Eintritt 3,20 €

Museo di Storia e d'Arte ■ b 2
Kleines Regionalmuseum mit archäologischer und kunsthandwerklicher Sammlung sowie einer Dokumentation zur Geschichte Gorizias. Ebenso sind hier (vorübergehend) Werke friulanischer und venezianischer Maler des 17. bis 20. Jh. untergebracht – aus dem Bestand der Pinakothek, die normalerweise im Palazzo Attems-Petzenstein untergebracht ist.
Borgo Castello 15; Di–So 9–13, 15–20 Uhr; Eintritt 3,20 €

Essen und Trinken

Locanda Borgo Colmello ■ D 14, S. 121
Borgo Colmello liegt rund 5 km von Gorizia entfernt, an der Straße nach Farra d'Isonzo. In dem kleinen Borgo sind auch ein Restaurant mit exzellenter friulanischer Küche, eine Enoteca und das **Museo della Civiltà Contadina di Borgo Colmello** untergebracht.
Via della Grotta 8, Farra d'Isonzo;
Tel. 04 81 88 90 13; Mo geschl. ★★
AmEx DINERS EURO VISA

Da Vito nördlich ■ a 1
Traditionelle einfache Trattoria, in der die Küche umso mehr glänzt: **prosciutto** als **antipasto**, **gnocchi alla zucca** (mit Kürbis) als **primo** und **gulasch** oder **trippe** (Kutteln) als **secondo**. Dazu ein Wein aus dem Collio: wunderbar!
Viale XX Settembre 138;
Tel. 0 48 18 21 17 ★

Service

Auskunft
ARPT di Gorizia ■ b 2
Via Roma 5; Tel. 04 81 38 62 24,
Fax 04 81 38 62 77

Ziele in der Umgebung

Cormòns ■ C 13, S. 120

7600 Einwohner
12 km von Gorizia

Cormòns ist das weinbauliche Zentrum der Provinz. Im 7. und 8. Jh. war die Stadt Sitz der Patriarchen von Aquileia. Hier wurde am 12. August 1866 der Waffenstillstand zwischen Österreich und Italien unterzeichnet, der den Dritten Italienischen Unabhängigkeitskrieg beendete. Der zentrale **Duomo di San Adalberto**, ein Bau aus dem 18. Jh., besitzt eine schöne Holzfigur von Domenico da Tolmezzo aus der zweiten Hälfte des 15. Jh. Gleich daneben liegt die Piazza XXIV Maggio mit der bekannten Enoteca di Cormòns, in der man Weine der wichtigsten Produzenten des Collio, des Isonzo und der Colli Orientali degustieren und kaufen kann.

Östlich und nördlich von Cormòns erstrecken sich die Weinberge, dazwischen liegen die Höfe einiger der besten Winzer des Landes. Immer wieder aber steht mitten auf einer kleinen Straße eine Grenzschranke – Slowenien liegt praktisch vor der Haustür. Infolgedessen ist Slowenisch die zweite Sprache.

Hotels/andere Unterkünfte

Felcaro
Gepflegtes Hotel in den Weinbergen und doch zentrumsnah. Sehr gutes Restaurant mit schönem Garten.
Via San Giovanni 45; Tel. 0 48 16 02 14, Fax 04 81 63 02 55; 37 Zimmer ★★
AmEx DINERS EURO VISA

Sehenswertes

Monte Quarin
Ein netter Spaziergang führt auf den Berg Monte Quarin, der sich hinter dem Städtchen erhebt. Auf seinen Höhen stehen die Reste der alten Burg.

Essen und Trinken

Al Cacciatore alla Subida M
Traditionelle Küche an der Grenze zu Slowenien: Hier bekommt man **frico di Montasio** (ein kleines geröstetes Käsestück) und die klassischen friulanischen Suppen wie **jota** oder **panada**. Die Karte richtet sich nach dem saisonalen Angebot. Das Restaurant gehört zum Hotel La Subida.
Loc. Monte 22; Tel. 0 48 16 05 31, Di, Mi geschl., Mo, Do und Fr nur abends geöffnet ★★ AmEx DINERS EURO VISA

Al Giardinetto MM
Eine der besten Adressen des Friauls ist das Restaurant von Paolo Zoppolatti mitten in Cormòns: fantasievolle Küche mit vorwiegend regionalen Zutaten. Exzellente Weinauswahl. Man sollte unbedingt vorbestellen.
Via Matteotti 54; Tel. 0 48 16 02 57, Mo, Di geschl. ★★★ AmEx DINERS EURO VISA

Enoteca di Cormòns
Zentrale Vinothek, wo man nicht nur Wein verkosten und kaufen, sondern auch gut essen kann. Hier ist auch die Touristeninformation **Pro Loco** untergebracht.
Piazza XXIV Maggio 21; Tel. 0 48 16 16 89; Di geschl. ★★ AmEx DINERS EURO VISA

Einkaufen

Cantina Produttori Cormòns
Eine Besonderheit der Kellerei ist der Vino della Pace, der von der Vigna del Mondo – einem Weinberg mit 450 verschiedenen Rebsorten aus der ganzen Welt – gekeltert wird.
Via Vino della pace 31; Mo–Sa 8.30–12, 14–16 Uhr

Ronco del Gelso
Schon aus der DOC-Zone des Isonzo kommen die Weine von Giorgio Badin; hervorragend der Merlot und der Tocai Friulano.
Via Isonzo 117; Tel. 0 48 16 13 10

Service

Auskunft
Enoteca di Cormòns
Piazza XXIV Maggio 21; Tel. 04 81 63 03 71

Gradisca d'Isonzo

■ C 14, S. 120

6500 Einwohner
10 km von Gorizia

Die große Stadtmauer wurde 1479 von den Venezianern errichtet, aber bereits 1511 von den Österreichern – die ihr Görzer Erbe antraten – erobert. Noch heute kann man Teile dieses ursprünglich venezianischen Festungswerks sehen – mit dem **Schloss** und dem **Palazzo del Capitano** mittendrin. Gradisca hat ansonsten ein sehr österreichisches Gepräge, mit dem großen Stadttheater am Hauptplatz, den Bürgerhäusern und Palästen in den Gassen. Im **Palazzo Torriani** sind heute das Rathaus, die Galleria d'Arte Contemporanea »Luigi Spazzapan« und das Museo Civico zu finden.

Hotels/andere Unterkünfte

Franz
Familiäres Hotel im Zentrum von Gradisca. Mit Parkgarage.
Viale Trieste 45; Tel. 0 48 19 92 11, Fax 04 81 96 05 10; Internet: www.hotelfranz.it; 50 Zimmer ★★ AmEx DINERS EURO VISA

Essen und Trinken

Osteria Mulin Veccio MM
Die »alte Mühle« an einem kleinen Flüsschen neben der Stadtmauer. In dieser stimmungsvollen Osteria kann man mit den Einheimischen ein **tajut** trinken und eine Kleinigkeit essen: zum Beispiel eine heiße Bohnensuppe und danach eine Platte mit Wurst, Salami und Schinken aus San Daniele.
Via Gorizia 2; Tel. 0 48 19 97 83 ★
EURO VISA

Einkaufen

Marco Felluga
Weinbaubetrieb mit einer breiten Palette hervorragender Weine – vom Collio Bianco bis zum Carantan, einem Cuvée aus Cabernet Sauvignon, Cabernet Franc und Merlot. Der Familie Felluga gehören auch die Güter Russiz Superiore und Castello di Buttrio.
Via Gorizia 121; Tel. 0 48 19 91 64

La Serenissima
In der Enoteca Regionale in der historischen Casa dei Provveditori Veneti gibt es nicht nur die Weine der vielen guten Produzenten des Friaul zu kaufen, in der angeschlossenen Osteria kann man sie auch trinken und eine Kleinigkeit dazu essen.
Via Venezia 1

Redipuglia

C 14, S. 120

1100 Einwohner
15 km von Gorizia

Ein eindrucksvoller Ort, der zum Nachdenken anregt: Über 100 000 Gefallene liegen am **Kriegerfriedhof** von Redipuglia begraben. Das gigantische terrassenförmige Monument **Sacrario Militare Redipuglia** neben der Verbindungsstraße Cormòns-Triest ist das größte Kriegerdenkmal Europas. Vom höchsten Punkt des 1937 errichteten Denkmals kann man die Schauplätze der blutigsten Schlachten des Ersten Weltkrieges sehen: den Monte Sei Buse, die Cave di Selz, Doberdò, Monte San Michele, Monte Calvario, Gorizia oder den Isonzo.

Auf dem Hügel Santa Elia – gegenüber dem Monument – liegt ein kleiner Kriegerfriedhof und ein Militärmuseum. Nicht weit von Redipuglia, in **Medea**, erinnert das Denkmal **Ara Pacis** – 1951 von Mario Bacciocchi geschaffen – an die Gefallenen aller Kriege und Nationen.

San Floriano del Collio

D 13, S. 121

850 Einwohner
4 km von Gorizia

Kleine Gemeinde im Collio. Rundherum erstrecken sich die Weinberge, und mittendrin liegt ein hügeliger 9-Loch-Golfplatz.

Hotels/andere Unterkünfte

Golf Hotel M
Komfortables Hotel mit Schlossatmosphäre neben dem Palazzo Formentini, in dem auch drei der individuell ausgestatteten 14 Zimmer untergebracht sind. Hervorragendes Restaurant, eigenes Weingut, Tennis, Golf und ein schöner Schlosspark.
Via Oslavia 2; Tel. 04 81 88 40 51, Fax 04 81 88 40 52; E-Mail: isabellaformentini @tiscalinet.it; 14 Zimmer ★★★
AmEx DINERS EURO VISA

Sehenswertes

Museo del Vino
Schönes Weinmuseum, in den Kellern des Palazzo Formentini untergebracht.
Via Oslavia 5; Mo–Fr 8–12, 13–17 Uhr; Eintritt frei

San Lorenzo Isontino

C 14, S. 120

1400 Einwohner
10 km von Gorizia

Kleiner Ort in der Ebene des Isonzo. Hier lieferten sich die österreichischen und italienischen Truppen zwischen 1915 und 1917 blutige Kämpfe.

Einkaufen

Lis Neris
Das Weingut von Alvaro Pecorari zählt zu den besten des Friaul. Von hier kommt einer der besten Dessertweine des Friaul: der Tal Lùc Verduzzo Passito.
Via Gavinana 5; Tel. 04 81 80 95 92

Die größte Provinz des Friaul ist Udine. Sie erstreckt sich von den Bergen der Karnischen und Julischen Alpen bis in die Niederungen der Bassa Friulana und ans Meer.

Die Provinz Udine nimmt rund zwei Drittel der Fläche des Friaul ein. Sie besitzt Berge mit Gletschern, Hügel mit Weinbergen – vor allem die Colli Orientali im Osten von Udine – sowie Meeresküste. Der Tagliamento, mit 170 km der längste Fluss des Friaul, durchquert die Provinz. Ihre Geschichte reicht weit zurück: Julius Cäsar gründete hier 50 v. Chr. das **Forum Julii** (das heutige Cividale), von dem das Friaul seinen Namen hat.

Udine ■ B 13, S. 120

95 000 Einwohner
Stadtplan → S. 53

Die Stadt Udine ist seit dem Mittelalter das Verwaltungszentrum der Region. Noch heute ist sie eine bedeutende Handels- und Universitätsstadt. Udine ist wahrscheinlich aus einem alten **castelliere** am Burghügel hervorgegangen. Das erste Dokument, in dem die Stadt Erwähnung findet, stammt aus dem Jahre 983. Seit dem 13. Jh. ist Udine das Zentrum des Friaul – zuerst unter der Herrschaft der Bischöfe von Aquileia, später der Venezianer, der Franzosen und der Österreicher, bis es schließlich 1866 Teil Italiens wird. Der venezianische Einfluss wird in keiner anderen Stadt des Friaul so deutlich wie in Udine.

Hotels/andere Unterkünfte

Astoria Italia ■ b 3
Klassisch-elegantes Hotel im Zentrum von Udine mit komfortabel ausgestatteten Zimmern. Das Restaurant zählt zu den besten der Stadt.
Piazza XX Settembre 24; Tel. 04 32 50 50 91, Fax 04 32 50 90 70; Internet: www.hotelastoria.udine.it; 75 Zimmer ★★★
AmEx DINERS EURO VISA

La'di Moret nördlich ■ b 1
Komfortables Hotel an der Straße nach Tricesimo. Die Zimmer sind gemütlich-modern, für die etwas abgelegene Lage entschädigt das hervorragende Restaurant.
Viale Tricesimo 276; Tel. 04 32 54 50 96, Fax 04 32 54 50 96; E-Mail: hotelladimoret@xnet.it; 60 Zimmer ★★
AmEx DINERS EURO VISA

Spaziergang

Im 14. Jh. hieß die **Piazza Libertà**, das pulsierende Herz der Stadt, noch Piazza del Vino, da hier der Wein gehandelt wurde. Die Piazza ist einer der schönsten venezianischen Plätze der Welt: Mit der beeindruckenden, aus weißem Stein gebauten **Loggia del Lionello** – ein Meisterwerk der venezianischen Gotik –, der gegenüberliegenden harmonischen **Loggia di San Giovanni**, den barocken Statuen, Herkules und Kakus darstellend, und dem Uhrturm mit der Sonne auf blauem Grund, über der zwei bronzene Mohren zur vollen Stunde mit einem Hammer die Glocke schlagen.

Nach einem **caffè** im gegenüberliegenden eleganten **Caffè Contarena** besteigen wir den Burgberg. Auf der linken Seite der Piazza Libertà geht man durch den **Arco Bollani**, ein nach Andrea Palladios Plänen 1556 errichteter Triumphbogen, und weiter hinauf zum **Castello**, mit seinen beeindruckenden Museen (parallel zum normalen Weg führt auch ein Arkadengang zum Schloss). Daneben erhebt sich der Campanile der kleinen Kirche **Santa Maria di Castello** und dahinter erstreckt sich ein weiter Platz, von dem man einen schönen Blick über Udine genießt.

Wieder auf der Piazza Libertà gehen wir über die kleine Via Mercato Vecchio zur **Piazza Matteotti** mit der **Chiesa di San Giacomo**. Auf dem Platz findet jeden Tag ein pittoresker Markt statt, wo man auch **scarpèts** kaufen kann, die charakteristischen handgefertigten friulanischen Pantoffeln. Durch die Via Savorgnana wenden wir uns nach links und gehen zur **Piazza Duomo** mit dem imposanten Gotteshaus, dessen ältester Teil auf das Jahr 1335 zurückreicht. Das barocke Innere beherbergt Arbeiten von Giovanni Battista Tiepolo (1696–1770) und Pomponio Amalteo (1505–1588). Im gegenüberliegenden **Oratorio della Purità** finden wir eines der bedeutendsten Werke Tiepolos: Assunta (Mariä Himmelfahrt,

1759). Wir bleiben auf Tiepolos Spuren und gehen über die Piazza Patriarcato (dort steht die Kirche **Sant' Antonio Abate** mit einer antiken Tempelfront) hinüber zum **Palazzo Arcivescovile,** dem Erzbischöflichen Palais, wo er ebenfalls wertvolle farbenprächtige Freskenreihen hinterließ.

Sehenswertes

Castello di Udine b 2

Auf einem 1511 zerstörten Vorgängerbau errichtetes, monumentales Renaissanceschloss, dominierend auf dem Hügel über der Stadt. Hier befinden sich heute die Civici Musei e Gallerie di Storia e d'Arte. Im **Salone d'onore** sind schöne Fresken von Tiepolo zu sehen. Neben dem Schloss liegt die kleine **Chiesa di Santa Maria** aus dem 7. Jh. mit einer Renaissancefassade und dem Campanile. Er ist zum Wahrzeichen Udines geworden, wohl auch, weil er durch seine Lage auf dem Schlosshügel alle anderen Gebäude der Stadt überragt.

Cattedrale di Santa Maria Annunziata b 3

Die im Jahre 1236 auf einem älteren Gebäude errichtete Domkathedrale war der letzte Sitz der Patriarchen von Aquileia. Ursprünglich romanisch-gotisch, wurde sie im 18. Jh. durch die Familie Manin barock umgestaltet, die hier ihre Grabdenkmäler errichten ließ. Der »Schatz« der Kirche sind die Altarbilder und Fresken von Tiepolo, die auch das nahe **Oratorio della Purità** und den Erzbischöflichen Palast schmücken. Neben der Kathedrale steht der achteckige Campanile (1441). In einer Kapelle in seinem Inneren sind Fresken aus dem 14. Jh. und der Sarkophag des 1350 ermordeten Patriarchen Bertrando zu sehen.
Piazza Duomo

Piazza Libertà b 3

Die Piazza Libertà gilt als einer der harmonischsten »venezianischen« Plätze Norditaliens: Eines der schönsten Gebäude ist die zwischen 1448 und 1456 nach den Plänen des Goldschmiedes Nicolò Lionello errichtete, rosaweiß gestreifte **Loggia del Lionello.** An den Ecken dieses gotisch-venezianischen Baus sind eine Madonna mit Kind aus dem 14. Jh. und eine Allegorie auf Italien aus dem 19. Jh. zu sehen. Fast noch beeindruckender ist auf der gegenüberliegenden Seite des Platzes die Loggia und die Kirche **San Giovanni.** Sie krönt der Uhrturm, 1527 von Giovanni da Udine geschaffen, mit einer Glocke, die zu jeder vollen Stunde von zwei bronzenen Mohren geschlagen wird.
Piazza Libertà

Museen

Civici Musei e Gallerie di Storia e d'Arte b 2

Seit bald 100 Jahren haben die Sammlungen der Stadt Udine im Schloss auf dem Burghügel ihre Heimat gefunden: Besonders sehenswert ist die Pinakothek mit Arbeiten von Bellunello, Domenico da Tolmezzo und Tiepolo. Auch die Säle mit den prähistorischen, romanischen und mittelalterlichen Funden lohnen einen Besuch.
Piazza Libertà 1; Di–Sa 9.30–12.30, 15–18, So 9.30–12.30 Uhr; Eintritt 2,60 €

Galleria d'Arte Moderna a 1

Eine der bedeutendsten Sammlungen Moderner Kunst in Norditalien: Neben Malerei, Skulptur und Design des 19. und 20. Jh. ist vor allem die Sammlung »Astaldi« sehenswert – mit Werken von Künstlern des 20. Jh., u. a. von Morandi, de Chirico oder Afro Basaldella.
Via Ampezzo 2; Di–Sa 9.30–12.30, 15–18, So 9.30–12.30 Uhr; Eintritt 2,60 €

Museo Diocesano ■ bc 3
Neben den lebendigen Fresken von Tiepolo (u. a. Fall der Engel, Urteil des Salomon, 1727–1730) sollte man unbedingt den Salone d'onore, die Biblioteca Delfino mit ihrer wertvollen Büchersammlung und den Saal mit den grotesken Fresken von Giovanni da Udine besuchen.
Im Palazzo Arcivescovile, Piazza del Patriarcato 1; Mi–So 10–12, 15.30–18.30 Uhr; Eintritt 3,60 €

Essen und Trinken

Alla Tavernetta ■ b 3
Gerade mal ums Eck vom Duomo isst man hier gut und günstig.
Via di Prampero 2; Tel. 04 32 50 10 66; So geschl. ★ AmEx DINERS EURO VISA

Caffè Contarena ■ b 3
In diesem eleganten Kaffeehaus (mit Bar) trinken die Udineser ihren **caffè**. Mitten im Zentrum, an der Piazza Libertà gelegen, ist es ein idealer Platz, um nach dem Shoppen auszuruhen.
Piazza Libertà; Tel. 04 32 51 27 41

Trattoria Al Lepre ■ a 3
Klassische Osteria, um den Brauch des **tajut** zu pflegen und eine Kleinigkeit (wie eines der hervorragenden **risotti**) zu essen.
Via Poscolle 27; Tel. 04 32 29 57 98; So geschl. ★ AmEx DINERS EURO VISA

Einkaufen

Fucina Longobardo di Sergio & Elio Mazzola ■ b 2
Qualitätsvolle Goldschmiedearbeiten – von antiken Repliken bis zu modernem Design.
Via Giovanni da Udine 27/2

Mercatino dell'Antiquariato ■ b 3
Auf der Piazza Matteotti, einem der schönsten und stimmungsvollsten Plätze der Stadt, findet jeden ersten Sonntag im Monat ein Antiquitätenmarkt statt, zu dem Aussteller aus ganz Norditalien anreisen. Lebensmittel und Handwerksprodukte werden dienstags bis sonntags angeboten.
Piazza Matteotti

Via Mercato Vecchio ■ b 2–3
Udines nobelste Einkaufsstraße. Hier findet man Kleidung, Schuhe etc. »made in Italy«: von Gucci bis Ferragamo, von Valentino bis Prada.
Via Mercato Vecchio

Am Abend

Teatro Nuovo Giovanni da Udine ■ c 2
Schauspiel, Musik und Tanz im aus Glas und Beton erbauten »neuen Theater«. Die Saison dauert von Oktober bis Juni.
Via Trento 4; Tel. 04 32 24 84 18, Fax 04 32 24 84 20

Service

Auskunft
APT ■ b 2
Piazza 1 Maggio 7; Tel. 04 32 29 59 72, Fax 04 32 50 47 43

Ziele in der Umgebung

Attimis ■ B 8, S. 116

1800 Einwohner
15 km von Udine

Attimis wird von den Resten dreier Schlösser dominiert. Eines der am besten befestigten des Friaul war das **Castello di Partistagno** (11. Jh.) mit seinem imposanten Wohnturm und schönen Fresken in der Kapelle. Sehenswert in Attimis ist auch das **Museo della Terra dei Nove Castelli** (→ S. 85). Hier vermitteln Schaustücke das Leben in einem mittelalterlichen Schloss.

Cividale del Friuli

■ C 8, S. 116

12 000 Einwohner
14 km von Udine
Stadtplan → S. 59

Cividale, das antike **Forum Julii**, wurde um 50 v. Chr. an den Ufern des Flusses Natisone von Julius Cäsar gegründet. Nach der Invasion durch die Langobarden 568 n. Chr. wurde es die Hauptstadt ihrer ersten Grafschaft. Aus dieser Zeit stammen zahlreiche beeindruckende Kunstwerke. Im Jahre 737 verlegte der Patriarch von Aquileia seinen Sitz hierher, den sich Cividale jedoch mit Aquileia teilen musste, nachdem dort eine neue Kathedrale erbaut worden war. Cividale blieb noch bis ins Mittelalter eine der bedeutendsten Siedlungen des Friaul. Der schöne mittelalterliche Stadtkern mit seinen langobardischen, gotischen, aber auch Renaissancepalästen ist erfreulicherweise unzerstört von modernem Städtebau erhalten geblieben.

Hotels/andere Unterkünfte

Al Castello MM
Eine ehemalige Sommerresidenz der Jesuiten, umgebaut in ein komfortables kleines Hotel, mit einer herrlichen Panoramaterrasse. 3 km außerhalb im Ortsteil Fortino.
Via del Castello 20, Loc. Fortino;
Tel. 04 32 73 32 42, Fax 04 32 70 09 01;
Internet: www.alcastello.net; 17 Zimmer
★★ AmEx DINERS EURO VISA

Sehenswertes

Duomo ■ bc 2
Durch das große Erdbeben 1448 zerstört, wurde der ursprünglich gotische Dom in der zweiten Hälfte des 15. Jh. wieder aufgebaut. Am Hochaltar prangt das Altarbild La Pala d'argento von Il Pellegrino, eine perfekte Goldschmiedearbeit in Silber und Gold (12. Jh.). Im angeschlossenen **Museo Cristiano** befinden sich einzigartige Meisterstücke langobardischer Kunst, wie den mit kunstvollen Steinmetzarbeiten (der Triumph Christi und die Anbetung der hl. Drei Könige) verzierten Altar des Langobardenkönigs und späteren Benediktinermönches Ratchis und das Taufbecken des Patriarchen Callisto (730–756).
Piazza del Duomo

Grotta di San Giovanni d'Antro ■ C 8, S. 116
In der 4500 m langen Grotte, 5 km nördlich von Cividale, sollen schon steinzeitliche Jäger gehaust haben, später wurde sie Rückzugsort in Krisenzeiten für Kelten, Römer und Langobarden. Heute erreicht man sie von San Pietro al Natisone aus in einem Spaziergang durch den Wald und zum Schluss über eine steile Treppe. Am Eingang sieht man die in den Fels gehauene Kapelle **SS. Giovanni Battista e d'Evangelista** mit einem Holzaltar aus dem 16. Jh. Nur ein kleiner Teil der Höhle ist für Besucher zugänglich.
San Pietro al Natisone; Sa, So nach Voranmeldung unter: Tel. 04 32 70 91 38

Ipogeo Celtico ■ b 3
Eine künstlich angelegte Grotte mit mehreren Ebenen, der man nachsagt, ein Kultort aus keltischer Zeit oder ein römisches bzw. langobardisches Gefängnis gewesen zu sein.
Via Monastero Maggiore; Schlüssel gibt's in der Bar an der Ecke zur Ponte Diavolo

Ponte del Diavolo ■ b 3
Das Wahrzeichen von Cividale soll der Legende nach der Teufel in nur einer Nacht erbaut haben, um sich der Seele des ersten Passanten zu bemächtigen. Die Bürger Cividales tricksten ihn jedoch aus, indem sie eine Katze über die Brücke schickten. In Wirklichkeit ist der Bau eine im

Oben: Eines der herausragendsten Werke von Giovanni Battista Tiepolo befindet sich im Udineser Oratorio della Purità: das Deckengemälde »Himmelfahrt Mariens« (→ S. 53).

Mitte: Die beeindruckende Piazza Libertà in Udine mit dem Uhrturm, den Palazzi und Loggien erinnert stark an venezianische Vorbilder.

Unten: Im Tempietto Longobardo in Cividale del Friuli sind einzigartige Stuckarbeiten aus der Langobardenzeit zu bewundern (→ S. 58).

! MERIAN-Tipp

Zu **Epifania**, dem Fest der Heiligen Drei Könige am 6. Januar, wird im **Duomo** von Cividale die **Messa dello Spadone**, die Messe des Schwertes, gefeiert. Sie erinnert an den Einritt des Patriarchen von Aquileia, Marquard von Randek, in Cividale im Jahre 1366. Während der Messe, die in Latein abgehalten wird, grüßt der behelmte Diakon das Volk viermal, in der Hand hält er ein langes Schwert. Der letzte Gruß bezeichnet gleichzeitig den Beginn des Karnevals. Nach der Messe findet ein großer Umzug in traditionellen Kostümen statt.

15. Jh. entstandene und nach dem Ersten Weltkrieg erneuerte, 50 m lange Brücke, 22 m über dem Natisone.

Tempietto Longobardo ■ c 2
Ausgestattet mit wertvollen filigranen Kalkstuckarbeiten aus dem 8. Jh., ist der langobardische Tempel 5 am Ufer des Natisone – angeschlossen an das Benediktinerkloster **S. Maria in Valle** – eines der seltenen erhalten gebliebenen langobardischen Kunstwerke und Cividales beeindruckendstes Bauwerk. Zu sehen sind unter anderem die Prozession der hl. Maria mit Märtyrern. Die Fresken stammen aus dem 12. bis 15. Jh. und das ebenfalls sehr kunstvolle hölzerne Chorgestühl aus dem 16. Jh.
Piazzetta San Biagio; Okt.–März 10–13, 15.30–17.30, April–Sept. 9–13, 15–18.30 Uhr; Eintritt 2,10 €, ermäßigt 1 €

Museen

Museo Archeologico Nazionale ■ c 2
Im ehemaligen Palazzo der Provveditori Veneti (Ende 16. Jh. erbaut, möglicherweise nach Plänen des Architekten Andrea Palladio) gleich neben dem Dom: römische und frühchristliche Mosaiken, Statuen und Mauerreste, Funde aus byzantinischer Zeit und im ersten Stock eine große Langobardenausstellung mit herrlichen, einzigartigen Schaustücken.
Piazza del Duomo 13; Mo 9–14, Di–So 8.30–19.30 Uhr; Eintritt 2 €

Essen und Trinken

Ai Tre Re ■ bc 1
Traditionelle Osteria. Versuchen Sie die hausgemachten **gnocchi ai Tre Re**!
Stretta San Valentino 29;
Tel. 04 32 70 04 16; Di geschl. ★ EURO VISA

Einkaufen

Pasticceria – Panetteria Dino Cattarossi ■ b 2
In dieser kleinen Bäckerei mitten im Zentrum gibt es die beste **gubana** von Cividale.
Corso Mazzini 20

Service

Auskunft
APT ■ b 3
Via Paolino d'Aquileia 10; Tel. 04 32 73 14 61, Fax 04 32 73 13 98

Codroipo ■ E 9, S. 119

14 500 Einwohner
24 km von Udine

Codroipo ist eines der Wirtschaftszentren der Bassa Friulana und liegt mitten im Weinbaugebiet DOC Grave del Friuli. Hier hat das Consorzio per la Tutela del Formaggio Montasio seinen Sitz. Unweit von Codroipo –

in **Rivolto** – hat eine andere italienische Institution seit 1930 ihren Sitz: Frecce Tricolori, die nationale Kunstfliegereinheit, der man des öfteren am Himmel beim Üben zusehen kann. Der größte Schatz von Codroipo liegt aber im Ortsteil Passariano – die **Villa Manin**.

Sehenswertes

Villa Manin

Die Villa Manin war »zu groß für einen Grafen, zu klein für einen König«, wie Napoleon schon (abfällig) sagte, der hier einige Zeit zubrachte. Die Familie Manin, Besitzer großer Latifundien in der Ebene des Tagliamento, errichtete im 16. Jh. den ersten Nucleus jenes Baus, der eine der größten und beeindruckendsten Villen Venetiens darstellt. Sie hat heute eine opulente Wuchtigkeit, gestaltet im 18. Jh. von Domenico Rossi, der sie den Plänen Berninis für den Petersplatz in Rom nachempfunden hatte. Die Villa ist der Mittelpunkt zweier Galerien, die einst Pferdeställe und Lager beherbergten.

Von der Inneneinrichtung ist so gut wie nichts mehr erhalten: Nachdem am 17. Oktober 1797 der letzte Doge von Venedig, Ludovico Manin, hier im Vertrag von Campoformido (durch den das Friaul an Österreich fiel) unter dem Druck Napoleons das Ende der Großen Republik von Venedig besiegelt hatte, wurde die Villa aufgegeben. Sie verfiel, während des Ersten Weltkriegs beschädigt, zusehends, bis sie Ende der 60er Jahre von der Regionalregierung restau-

riert und der Öffentlichkeit zugänglich gemacht wurde. Besonders die mit kostbaren Fresken geschmückten Säle sind einen Besuch wert: Der Saal der Weltkarte, der **salon d'onore**, 1708 vom französischen Künstler Ludovico Dorigny kunstvoll ausgeschmückt, und die Sala Manin, das Zimmer, in dem Napoleon genächtigt hatte, als die Villa Hauptquartier seiner Armee war.

Im rechen Seitenflügel ist eine wertvolle Kutschen- und eine Waffensammlung mit Objekten vom 15. bis zum 18. Jh. untergebracht. Gleich daneben liegt die kleine Schlosskapelle, inspiriert von der Kirche Santa Maria della Salute in Venedig, die Bildhauerarbeiten stammen vom Venezianer Giuseppe Torretti. Im linken Seitenflügel befindet sich heute ein Restaurant. Hinter der Villa dehnt sich ein 19 ha großer Park aus, der neben einer Sammlung von Bäumen und Pflanzen aus aller Welt Statuen von Göttern aus dem unter anderem von Goethe verehrten antiken Arkadien beherbergt.

Villa Manin; tgl. 9–18 Uhr; Eintritt frei

Service

Auskunft

Pro Loco Villa Manin

Piazzale Manin 10; Tel. 04 32 90 47 21

Gemona del Friuli

■ F 3, S. 115

12 000 Einwohner
25 km von Udine

Am 6. Mai 1976, gegen 21 Uhr, bebte im nördlichen Friaul die Erde: Kaum ein Stein blieb auf dem anderen. Das Epizentrum des Erdbebens, mit einer 6,5 auf der Richterskala, lag bei Gemona: Die meisten Gebäude wurden zerstört, Hunderte Menschen kamen ums Leben. Aber schon wenige Jahre später stand Gemona wieder in alter Größe da – vielleicht sogar noch etwas schöner als zuvor. Am Fuße der Berge gelegen, ist Gemona del Friuli seit dem Mittelalter ein bedeutender Stützpunkt am Handelsweg über die Alpen. An ihren Reichtum erinnern die Bauten entlang der eleganten Via Giuseppe Bini zwischen dem Dom und dem Rathaus. Über der Stadt erhebt sich das alte Castello, von dem aus man einen herrlichen Blick über die Stadt hat, das aber derzeit restauriert wird.

Sehenswertes

Duomo

Der Dom (13.–14. Jh.) ist so etwas wie das Symbol der Wiedergeburt nach dem großen Erdbeben – nicht nur für Gemona, sondern für das gesamte Friaul: Aus den Ruinen wurde er vor 20 Jahren wiedererbaut. Seinen Eingang bewachen eine 7 m hohe Figur des hl. Christophorus und neun kleinere Figuren über dem Eingangstor. Er hat drei Schiffe, die von Säulen aus rotem Stein getragen werden. In seinem Inneren befindet sich ein Altar aus römischer Zeit (1.–2. Jh. v. Chr.), Reste von Fresken aus dem 15. Jh. und ein kostbares Holzkreuz aus dem 16. Jh. Der Domschatz birgt ein schönes **ostensorio**, ein Hostiengefäß (1434/35). Der Campanile wurde in den Jahren 1341 und 1369 errichtet.

Via Giuseppe Bini

Municipio

Der ehemalige Palazzo Boton stammt aus dem 16. Jh. Die dreibögige Loggia ist nach vorne hin – zur Via Giuseppe Bini – geöffnet, über dem mittleren Bogen prangt ein schöner Balkon.

Via Giuseppe Bini

Service

Auskunft

Pro Loco

Via Caneva 11; Tel. und Fax 04 32 98 14 42

Lusevera

B 7, S. 116

800 Einwohner
32 km von Udine

Nördlich und östlich von Udine führen kleine Gebirgsstraßen in die Julischen Voralpen; hier ist noch eine ursprüngliche Landschaft mit Wäldern und kleinen Ortschaften zu entdecken. Eine davon ist Lusevera – bekannt wurde sie durch die **Grotta Nuova di Villanova**.

Sehenwertes

Grotta Nuova di Villanova
Die Grotta Nuova di Villanova liegt am Ende des Alta Val Torre, das sich zwischen Tarcento und der slowenischen Grenze erstreckt. Die Grotte wurde erst 1925 entdeckt. Sie reicht 7 km in die Tiefen des Monte Bernadia. Der dem Besucher zugängliche Teil führt von der **Sala del Laghetto** mit ihrem kleinen See über beeindruckende Galerien bis zur **Sala del Paradiso** mit ihren pittoresken Tropfsteinformationen.
März–Mitte Juni 9–12, 14–18, Mitte Juni–Mitte Sept. 9–12, 14–18.30, Mitte Sept.–Nov. 9–12, 14–18 Uhr; Eintritt 4,50 €

Nimis

B 8, S. 116

2800 Einwohner
15 km von Udine

Kleine Gemeinde im Norden von Udine, zu Füßen der Julischen Voralpen. Die Kirche **SS. Gervasio e Protasio** aus dem 8. Jh. ist eine der ältesten des Friaul.

Einkaufen

Il Roncat di Giovanni Dri
Aus Nimis kommt der Süßwein Ramandolo, der erste DOCG-Wein des Friaul. Einer der besten Winzer dafür, aber auch für Picolit, ist Giovanni Dri.
Frazione Ramandolo, Via Pescia 7;
Tel. 04 32 79 02 60

Osoppo

F 3, S. 115

2700 Einwohner
25 km von Udine

Die **Rocca** von Osoppo ist eine der ältesten und bedeutendsten Festungen des Friaul. Zuerst nutzten die Kelten, später die Römer und die Langobarden ihre strategisch günstige Lage. Die Venezianer bauten sie noch weiter aus, die Franzosen ebenfalls, und in der Zeit des Risorgimento verteidigte sie eine Gruppe italienischer Freiwilliger sieben Monate gegen die Österreicher, die sie aber schließlich doch eroberten. Man sieht heute noch Reste der Verteidigungsanlagen, der Rundgänge und der Kasematten. Von der Kuppe des Hügels hat man einen herrlichen Blick über das natürliche Amphitheater des Alpenbogens bis hin zum Tagliamento.

Palmanova

B 14, S. 120

5400 Einwohner
20 km von Udine

Ende des 16. Jh. als Festung in der Form eines neunstrahligen Sterns gegründet, ist Palmanova noch heute von imposanten venezianischen und französischen Festungsmauern eingeschlossen. Palma, wie es ursprünglich hieß, war nach den Plänen einer »Idealstadt« der Renaissance entworfen worden, diente aber auch dem pragmatischen Zweck, die Ostgrenze Venedigs gegen die Türken und die Österreicher zu verteidigen. Betreten kann man die Stadt durch drei Tore, die die Verbindungen zu den gleichnamigen Städten darstellen: Aquileia, Cividale und Udine. Das Zentrum der Stadt bildet die sechseckige Piazza Grande mit dem **Palazzo del Provveditore generale** (heute das Rathaus), dem **Palazzo del Governatore alle armi** und dem **Palazzo del Monte di pietà**, dem **Duomo** und den **Loggie**.

Sehenswertes

Chiesa di San Andrea
Im kleinen Ort Griis, nur ein paar Kilometer nördlich von Palmanova, ist die Kirche San Andrea sehenswert: Ihr Inneres ist über und über mit Fresken bedeckt, Anfang des 16. Jh. gemalt von Gaspare und Arsenio Negro.
Griis

Duomo di Mortegliano
Ebenfalls nicht weit von Palmanova, in Mortegliano, ist der Duomo einen Besuch wert: Vor allem wegen seines gewaltigen hölzernen Altars, der 1526 mit einer Höhe von 6 m und einer Breite von 3,70 m gebaut und mit 63 vergoldeten und bemalten Statuen und 42 Säulen geschmückt wurde.
Mortegliano

Prepotto

■ C 13, S. 120

1000 Einwohner
18 km von Udine

Auf einer Bergkuppe östlich von Cividale liegt das weit über die Grenzen des Friaul hinaus bekannte Marienheiligtum **Castelmonte.** Pilger aus Österreich, Slowenien und ganz Italien kommen hierher, um eine angeblich wundertätige, aus Kalkstein gehauene Statue der Jungfrau Maria (um 1400) zu verehren. Castelmonte war ursprünglich eine römische Siedlung und später – zu Zeiten des Patriarchats – ein befestigtes Dorf. Schon damals stand dort eine der bedeutendsten Kirchen der Umgebung.

Einkaufen

Le Due Terre
Silvana Forte und Flavio Basilikata keltern auf ihrem Weingut einige der besten Weine des Friaul: Sacrisassi Bianco, Sacrisassi Rosso und einen schönen Pinot Nero.
Via Roma 68/B; Tel. 04 32 71 31 89

San Daniele del Friuli

7500 Einwohner ■ E 4, S. 115
25 km von Udine

San Daniele ist wohl vor allem wegen einem bekannt: dem feinen Schinken, der gerade hier – wegen des Klimas mit geringer Luftfeuchtigkeit – besonders gut reift. Dem Schinken wird etwas Meersalz beigegeben, und dann wird er für eine bestimmte Mindestzeit gelagert, um die DOP-Bezeichnung (Denominazione di Origine Protetta) zu erhalten. Alljährlich am letzten Augustwochenende ist San Daniele Schauplatz des Schinkenfestes mit Straßenständen, Musik und allerlei Vorführungen – ein Fest, zu dem Gäste aus nah und fern anreisen. Über die Schinkenproduktion gibt es einiges zu wissen: Brandzeichen und Nummern auf den Schinken weisen auf Hersteller und Landwirt hin; nur ausgewählte Gebiete in Italien – die meisten in der Po-Ebene – sind für die Zucht von Schweinen für den San-Daniele-Schinken geeig-

! MERIAN-Tipp

Viele der **Schlösser** und **Burgen** des Friaul sind in Privatbesitz. Ob und wie man sie trotzdem besuchen kann, darüber gibt das Consorzio per la Salvaguardia dei Castelli storici del Friuli Auskunft: c/o Castello di Sopra, Via die Castelli 25, Strassoldo, Tel. 0 43 19 32 17, Fax 0 43 19 32 29; Internet: www.consorziocastelli.it. Eine schöne Tour führt zum Beispiel zu den pittoresken Castelli d'Aqua, den Wasserschlössern, wobei man das Castello di Flambruzzo und die Castelli von Strassoldo – Sopra und Sotto – besuchen kann.

net. Die Schweinskeule mit dem kompletten Beinknochen muss mindestens 11 kg wiegen; bei der Verarbeitung wird ausschließlich Meersalz verwendet, und Konservierungsstoffe sind verboten. Der gesamte Herstellungsprozess dauert mindestens zwölf Monate.

Aber San Daniele ist nicht nur wegen seiner **prosciuttifici** eine Reise wert, auch Kunst und Kultur haben in der kleinen Stadt auf dem Hügel ihre Spuren hinterlassen. Auf dem Hauptplatz beeindruckt zuerst einmal das Gebäude des **Doms**, im 18. Jh. von Domenico Rossi im Stil des Neoklassizismus umgestaltet. Rechts davon erhebt sich eine **Loggia** aus dem 15. Jh., in der die berühmte **Biblioteca Guarneriana** untergebracht ist: Sie ist die erste öffentliche Bibliothek des Friaul, gegründet 1466 vom Humanisten Guarnerio d'Artegna, und besitzt einzigartige wertvolle Bände aus dem Mittelalter (Sezione antica; Mi 9–12, 15–18 Uhr, Eintritt 3 €).

Sehenswertes

Chiesa di San Antonio Abate
Die kleine Kirche beherbergt einen der größten Schätze der Renaissancemalerei im Friaul: die farbenfrohen Fresken von Pellegrino da San Daniele (1467–1547), neben Pordenone der herausragendste Renaissancemaler des Friaul. Sie zeigen u. a. Bilder der Kreuzigung, der Propheten und Evangelisten (1497–1522).
Via XX Settembre

Essen und Trinken

Alle Vecchie Carceri
Gepflegtes Restaurant in einem ehemaligen Kerker. Den Schinken aus San Daniele kann man hier nicht nur als Antipasto, sondern auch als Füllung der **agnolotti** (Pasta) genießen.
Via d'Artegna 25; Tel. 04 32 95 74 03
★★★ AmEx DINERS EURO VISA

Einkaufen

In San Daniele will man natürlich Schinken kosten und kaufen: Das kann man entweder in einem der Lokale oder der **macellerie** im Zentrum tun – oder man geht direkt zu einem der 26 Produzenten. Deren große Schinkenfabriken findet man allerdings größtenteils außerhalb des Zentrums, die meisten an der Straße nach Pordenone. Beim Consorzio del Prosciutto di San Daniele erhält man Informationen über den luftgetrockneten **prosciutto** im Allgemeinen und die wichtigsten Erzeuger im Besonderen. Seit Oktober 1996 ist der Prosciutto übrigens ein DOP, eine Denominazione d'Origine protetta, und alle Produzenten müssen sich nach Auflagen richten. Zudem muss sich die Herkunft der Schweine genau zurückverfolgen lassen. Alle Schinken aus San Daniele sind mit einem Stempel gekennzeichnet.

Consorzio del Prosciuto di San Daniele
Via Umberto I, 22; Tel. 04 32 95 75 15, Fax 04 32 94 01 87; Internet: www.prosciuttosandaniele.it

Al Municipio M
Eine der besten Adressen für Prosciutto-Freunde – direkt im Centro Storico gegenüber der Kirche von Sant'Antonio. Gute Weine.
Via Garibaldi 1; Tel. 04 32 95 50 12

Al Paradiso
Das Schinkenparadies des Produzenten Rino Bagatto am Fuß des Hügels von San Daniele. Hier kann man Schinken kaufen und verkosten. Zu Mittag gibt's auch eine warme Suppe.
Via Cesare Battisti 28; Tel. 04 32 95 72 52

Service

Auskunft
Pro Loco San Daniele
Via Garibaldi 34; Tel. 04 32 94 07 65

Im Südwesten des Friaul liegt die Provinz Pordenone. Ihre Kultur wurde von Venedig beeinflusst, deren Republik sie jahrhundertelang angehörte.

Die Provinz zieht sich von den Bergen – dem **Parco Naturale delle Dolomiti** – bis ans Meer, der größte Teil ist aber Ebene, flaches Land, meist landwirtschaftlich genutzt. Hauptstadt der Provinz ist das Städtchen Pordenone mit seinem schönen mittelalterlichen Stadtkern und den eleganten Palästen entlang des Corso Vittorio Emanuele II.

Pordenone ■ C 9, S. 118

50 000 Einwohner
Stadtplan → S. 67

Gegen 1000 n. Chr. entstand am Ufer des Flusses Noncello ein Hafen, der zu dem 1204 erstmals erwähnten Portus Naonis wurde. Im Jahre 1278 wurde Pordenone österreichisch, ab 1508 gehörte es zu Venedig – dessen Einfluss deutlich erkennbar ist. Im 18. Jh. war die Stadt reges Zentrum der Baumwollindustrie. Seit 1968 ist Pordenone Provinzhauptstadt. Sie ist sowohl lebhafte Universitätsstadt als auch eine der elegantesten friulanischen Städte – mit den Prachtstraßen Corso Vittorio Emmanuele II und Corso Garibaldi.

Hotels/andere Unterkünfte

Villa Luppis MM ■ C 10, S. 118
Elegantes Hotel in einem alten klösterlichen Sommersitz, umgeben von einem herrlichen Park. Zimmer mit Stilmöbeln, Tennisplatz, feines Restaurant.
Via San Martino 34, Loc. Rivarotta, Pasiano di Pordenone; Tel. 04 34 62 69 69; Internet: www.villaluppis.it; 31 Zimmer ★★★
AmEx DINERS EURO VISA

Sacile wird aufgrund seiner schönen landschaftlichen Lage am Fluss Livenza auch »Garten Venedigs« genannt (→ S. 68).

Sehenswertes

Cattedrale di San Marco ■ b 3
Die Cattedrale wurde in dominierender Lage nahe dem Flussufer zwischen dem 14. und 15. Jh. errichtet. Das herrliche Altarbild »Madonna della Misericordia« (1515) stammt von Giovanni Antonio de'Sacchis (1484–1539), genannt Il Pordenone, einer der bedeutendsten venezianischen Maler der ersten Hälfte des 16. Jh. Neben ihm haben Tintoretto, Gianfrancesco da Tolmezzo oder Giovanni Maria Zaffoni – der 1555 die Capella Mantica mit Fresken ausgemalt hat – zum Schmuck der Kirche beigetragen. Der Campanile – aus dem Jahre 1347, mit einer Höhe von 72 m – gilt als einer der schönsten Italiens.
Piazza San Marco

Chiesa Santa Maria degli Angeli ■ b 2
Kleine Kirche mit farbenfrohen Fresken aus dem 14. Jh., ebenfalls in der Contrada Maggiore, über eine Seitengasse links vom Corso Vittorio Emanuele II aus erreichbar.
Piazza del Cristo

Corso Vittorio Emanuele II ■ b 2–3
Der Corso Vittorio Emanuele II ist die Verlängerung des Corso Garibaldi. Hier sind einige der schönsten Palazzi der Stadt zu finden, viele Geschäfte und eine Reihe von Cafés und Osterie. Das schönste Gebäudeensemble in diesem **Contrada Maggiore** genannten Teil der Stadt liegt aber am westlichen Ende des Corso: der kleine gotische **Palazzo Comunale**, heute das Rathaus, zwischen 1291 und 1395 errichtet (die vorspringende Loggia wurde 1542 angefügt) sowie der ebenmäßige **Palazzo Ricchieri**, Sitz des **Museo Civico d'Arte** mit seiner wertvollen Gemäldesammlung, überragt vom Campanile der Cattedrale.

Museen

Museo Civico d'Arte ■ b 3
Im Palazzo Ricchieri ist das Kunstmuseum untergebracht: Man sieht eine Sammlung wertvoller Holzskulpturen und Bilder von Il Pordenone (unter anderem eine ländliche Tanzszene) oder Bellunello.
Corso Vittorio Emanuele II; Di–So 9.30–12.30, 15–18 Uhr; Eintritt 2 €

Museo Civico delle Scienze ■ b 2–3
Neben naturwissenschaftlichen Exponaten gibt es Zeugnisse der langen Geschichte Pordenones zu sehen, unter anderem Stücke eines römischen Freskos, das nahe der Villa di Torre im ersten römischen Siedlungsgebiet bei Pordenone gefunden wurde.
Piazza San Marco; Di–So 9.30–12.30, 15–18 Uhr; Eintritt 2 €

Essen und Trinken

Le Casette ■ b 2
Elegantes Restaurant mit exzellenten Gerichten, von Patron Roberto Basso selbst zubereitet. Für den aufmerksamen Service sorgt seine Gattin Tiziana.
Via Ospedale Vecchio 6; Tel. 0 43 42 61 57, So, Mo geschl. ★★ AmEx DINERS EURO VISA

Vecia Osteria del Moro M ■ b 3
Stimmungsvolle alte Osteria, wo die Pordenoner auf ein **tajut** einkehren. Die Küche hat immer ein Tagesangebot: beispielsweise **baccalà** (Stockfisch) am Freitag, **bollito misto** (Siedefleisch) in der kalten Jahreszeit am Donnerstag.
Via Castello 2; Tel. 0 43 42 86 58; So geschl. ★ AmEx DINERS EURO VISA

Service

Auskunft
APT ■ b 2
Corso Vittorio Emanuele II 38; Tel. 0 43 42 19 12, Fax 04 34 52 38 14

Ziele in der Umgebung

Barcis ■ C 4, S. 114

350 Einwohner
30 km von Pordenone

1954 wurde der Staudamm von Barcis erbaut, seitdem kann man am Ufer des Sees spazierengehen und das Panorama der Friulaner Dolomiten genießen. Sehenswert im Dorf ist die Fassade des **Palazzo Centi** mit seiner doppelten Loggia. Einen Besuch lohnt auch der **Foresta del Prescudin**, ein Stück »Urwald«.

Brugnera ■ C 10, S. 118

8000 Einwohner
17 km von Pordenone

Die **Villa Varda** aus dem 19. Jh. besitzt einen 63 ha großen Park mit einem Brunnen, aus dem schwefelhaltiges Wasser rinnt.

Caneva ■ B 9, S. 118

6300 Einwohner
20 km von Pordenone

Der **Foresta del Cansiglio** – ein Naturpark – erstreckt sich über die Provinzen Belluno, Treviso und Pordenone. Nur der letzte Teil gehört zum Friaul – 1550 ha sind es in den Gemeinden Caneva, Budoia und Polenigo. Karstige Formen wechseln sich ab mit Tannen- und Kiefernwäldern.

Claut ■ BC 3, S. 114

1300 Einwohner
45 km von Pordenone

Claut ist ein kleiner verschlafener Ort im Riserva Naturale delle Dolomite Friulane. Das **Museo Casa Clautana** ist ein kleines Heimatmuseum, wo unter anderem die Geschichte von den Frauen des Valcellina erzählt wird, die einst in ganz Norditalien herumgezogen sind, um Schnitzereien zu verkaufen.

Maniago

■ D 4, S. 115

10 500 Einwohner
25 km von Pordenone

In den Werkstätten von Maniago werden seit den Zeiten der Venezianer einige der schönsten und besten zuerst Kriegs- und dann Schneidewerkzeuge Italiens geschmiedet. Die Stadt liegt zu Füßen der Berge in einer grünen und fruchtbaren Landschaft. Großzügig geplant ist das Stadtzentrum mit der weiten Piazza Italia und den rundherum liegenden Häusern. Eines der schönsten Gebäude ist der **Palazzo Attimis-Maniago**, auf dessen Fassade Amalteo den Löwen von San Marco malte.

Sehenswertes

Duomo di San Mauro
Der spätgotische Dom besitzt Arbeiten von Pomponio Amalteo und einen kunstvollen Holzaltar (17. Jh.).
Piazza San Mauro

Museen

Museo dell'Arte Fabbrile e delle Coltellerie
Im Museum wird u.a. daran erinnert, dass in Maniago im 16. Jh. die Waffen für die venezianischen Soldaten geschmiedet wurden.
Via dei Fabbri; Tel. 04 27 70 72 23; nach Vereinbarung; Eintritt frei

Essen und Trinken

Osteria Vecchia Maniago M
Im Vorderzimmer trinken die Einheimischen ihr Gläschen Wein, im Hinterzimmer und im Garten werden die Gäste mit regionaler Küche verwöhnt: Hervorragend: der **tortino di polenta con montasio e funghi porcini** – eine Polentatorte mit Käse und Pilzen.
Via Castello 10; Tel. 04 27 73 05 83;
Mo abends, Di geschl. ★★ AmEx DINERS EURO VISA

Einkaufen

Consorzio Coltellinai Maniago
Nicht nur Hightech-Messer, sondern auch eine ganze Reihe anderer Produkte sorgfältiger Schmiedekunst kann man hier erwerben.
Piazza Italia 11

Piancavallo

■ C 4, S. 114

600 Einwohner
25 km von Pordenone

Piancavallo ist der renommierteste Skiort des Friaul: Auf 1300 m, zu Füßen des Monte Cavallo gelegen, ist Piancavallo in der Wintersaison schneesicher und bietet seinen Gästen fünf Ski- und sechs Sessellifte, Pisten jeden Schwierigkeitsgrades und die nötige Dosis Après-Ski. Bekannt geworden ist der Ort in den 70er und 80er Jahren durch den Damen-Weltcup. Heute kommen die Snowboarder, Freestyler und im Sommer die Ralleypiloten hierher.

Hotels/andere Unterkünfte

Sport Hotel
Der Name ist Programm – gepflegtes Hotel in der Nähe der Skipiste mit allem, was man auch für zünftiges Après-Ski braucht.
Buse de Villotta 5; Tel. 04 34 65 51 62,
Fax 04 34 65 51 62; 40 Zimmer ★★
AmEx DINERS EURO VISA

Service

Auskunft
APT
Piancavallo Cellina Livenza
Piazza Duomo, Aviano; Tel. 04 34 65 18 88,
Fax 04 34 66 03 48

Porcia

■ C 9, S. 118

13 000 Einwohner
5 km von Pordenone

In traumhafter Lage, umrahmt von Bäumen, ruht das Castello di Porcia. Es war einst der Sitz der Grafen von Porcia und Brugnera. In der Stadt ist noch der **Torre dell'Orologio**, der **Palazzo del Feudo**, die **Loggia** und die **Chiesa di San Giorgio** mit dem Campanile sehenswert, ebenso wie die **Villa Correr-Dolfin** aus dem 18. Jh.

Pradis

■ E 3, S. 115

Die Grotte Verdi di Pradis, die grünen Grotten, beginnen mit der **Grotta della Madonna** – einer großen Höhle mit einem Altar, an dem man in der Weihnachtsnacht eine Messe feiert – und führen dann über Galerien und Stege entlang des Flusses Molat. In der ganzen Region gibt es rund 1000 Grotten, die wenigsten davon sind aber öffentlich zugänglich. Die Grotten können im Juli und August täglich, ansonsten nur an Sonn- und Feiertagen besucht werden (Tel. 04 27 86 36 97 81).

Sacile

■ B 9, S. 118

17 000 Einwohner
12 km von Pordenone

Die Stadt Sacile, auf zwei Inseln im Fluss Livenza entstanden, war schon vor der ersten Jahrtausendwende befestigt. Reste von Festungsmauern verschiedenster Epochen sind noch immer zu sehen. Im Jahre 1190 erlaubte Kaiser Friedrich Barbarossa den Einwohnern den Handel und den

Markt. Ab 1420 war Sacile Teil der venezianischen Republik. Die Schönheit der Landschaft rund um Sacile trug der Stadt den Ehrentitel »Giardino della Serenissima« – Garten Venedigs – ein. Wegen ihrer herrlichen Lage am Fluss, der wunderschönen Paläste und der hexagonal angelegten **Chiesa della Madonna della Pietà** ist Sacile auf jeden Fall einen Besuch wert. Einer der schönsten Palazzi der Stadt ist der **Palazzo Ragazzoni-Flangini-Billia.** Dessen Salon ist mit herrlichen Fresken von Francesco Montemezzano aus dem 16. Jh. geschmückt.

Sehenswertes

Duomo di San Nicolò
Dort wo heute der Dom aus dem 15. Jh. steht, gab es bereits eine Kirche, deren Ursprünge auf das Jahr 796 zurückgehen. Im Inneren sind Arbeiten von Francesco Bassano und Palma il Giovane aus dem 16. und 17. Jh., aber vor allem von Pino Casarini (1897–1972) sehenswert, der die Bronzeteile der Tür schuf.
Piazza Duomo

San Vito al Tagliamento

13 000 Einwohner ■ E 10, S. 119
23 km von Pordenone

Bereits in römischer Zeit besiedelt, kam der Aufstieg San Vitos zu Zeiten des Patriarchats. Vom mittelalterlichen Mauerring blieben drei Türme erhalten: **Scaramuccia** im Osten, **Grimana** im Süden und **Raimonda** (mit einem kleinen archäologischen Museum) im Westen. An der weiträumigen Piazza del Popolo, auf der seit über 500 Jahren Markt gehalten wird, sieht man die schönsten Bauten der Stadt: der **Palazzo Altan** (15. Jh.) mit Fresken aus dem 16. Jh. und einem hübschen Garten, die **Palazzi Fancello** und **»Bottegon«**, deren Fassadenfresken wahrscheinlich von Bellunello stammen, die Loggia, der Dom mit dem Campanile aus dem 15. Jh. und die Kirche **Santa Maria dei Battuti** (16. Jh.) mit Fresken von Amalteo.

Gehört zu jedem Italienurlaub: der Genuss von Espresso oder Cappuccino in einem der gemütlichen Straßencafés – wie hier in Pordenone.

Hotels/andere Unterkünfte

Patriarca
Gut geführtes, zentral gelegenes Drei-Sterne-Hotel gleich neben dem Torre Raimonda. Gute Trattoria.
Via Pascatti 6; Tel. 04 34 87 55 55, Fax 04 34 87 53 53; 29 Zimmer ★★
AmEx DINERS EURO VISA

Museen

Museo Provinciale della Vita Contadina
Mitten in San Vito: schöne Schausammlungen über Landwirtschaft und Handwerk in den Ebenen des Tagliamento. Man wird ebenfalls anschaulich über die Seidenraupenzucht, die Viehzucht und den Weinbau informiert.
Via Altan 49; Mo–Sa 9–12.30 Uhr; Eintritt frei

Sesto al Reghena

■ D 10, S. 119

5200 Einwohner
33 km von Pordenone

Sesto al Reghena ist ein kleines Städtchen an der Grenze zum Veneto. Rundherum dominieren Landwirtschaft und Viehzucht. Hier steht eine der bedeutendsten klösterlichen Ansiedlungen des frühen Mittelalters.

Sehenswertes

Abbazia di Santa Maria in Sylvis
Im Jahre 762 in einem Schenkungsakt erstmals erwähnt, ist die Abbazia di Santa Maria in Sylvis das bedeutendste Beispiel eines befestigten Klosters in der Region. Seit frühester Zeit, als das Kloster von den Söhnen des Langobardenkönigs Peter, Erfo, Anto und Marco, gegründet wurde, erhielt das Kloster von Herrschern und Päpsten eine Reihe von Rechten und Priviligien. Sein Besitz reichte bis nach Istrien und ins Veneto.

Vom alten Klosterkomplex steht noch der Turm, durch dessen Tor man das Kloster betritt (einer von ehemals sieben), des Weiteren die Basilika des Klosters und die Residenz des Abtes, die heute Rathaus ist. Das Kloster ist mit einer Reihe wertvoller Freskenzyklen geschmückt, besonders prächtig sind die Darstellungen des Heiligen Michael, des Paradieses und des Infernos im Vestibül (alle aus dem 15. Jh.). Im Inneren der Kirche beeindrucken Fresken aus dem 14. Jh. im Stil Giottos: in der Apsis die Krönung der Jungfrau und im Langhaus der Baum des Lebens mit den Heiligen. Ein besonderer Schatz ist in der Krypta zu sehen: die Urne der Heiligen Anastasia (aus dem 7. oder 8. Jh.), ein Kunstwerk langobardisch-byzantinischen Stils. Das Vesperbild stammt aus dem 15. Jh.

Spilimbergo

■ E 4, S. 115

11 000 Einwohner
32 km von Pordenone

Spilimbergo, im Nordosten der Provinz Pordenone an der Grenze zu Udine gelegen, ist einer der schönsten Orte des Friaul. Sein Stadtzentrum gilt als eine der besterhaltenen historischen **borghi** Italiens. 6
Spilimbergo ist aber auch bekannt als Mosaik-Stadt – eine Mosaikschule liefert kunstvolle Mosaiken in die ganze Welt und bildet Mosaikkünstler aus.

Spilimbergo geht auf das Jahr 1120 zurück, der **borgo vecchio**, das Stadtzentrum, hat sich aus dieser Zeit erhalten. Das Schloss – unmittelbar neben dem **borgo vecchio** – war im Mittelalter des Öfteren Schauplatz von Kämpfen: Während des Bauernaufstandes 1511 wurde es in Brand gesteckt und schwer verwüstet. Nur der **Palazzo Dipinto** mit seinen Fresken von Bellunello auf der Fassade aus dem 15. Jh. blieb unbeschädigt.

Zentrum der Stadt ist der **Corso Roma** – mit den Bürgerpalästen der reichen Händler aus Spilimbergo und den vielen Geschäften und Lokalen in den Arkaden.

Der Domplatz war einst wichtiger Marktplatz auf der Nord-Süd-Route: Daran erinnern der **Palazzo del Daziario**, einst Zollhaus und Sitz des Magistrats (13. Jh.), und die Loggia aus dem 14. Jh., wo einst die Ware gelagert und kontrolliert wurde.

Hotels/andere Unterkünfte

President Grand Hotel
Gepflegtes Vier-Sterne-Hotel mit allem Komfort, etwas außerhalb gelegen. Gemütliche Bar, Restaurant und ein hoteleigener kleiner Park.
Via Cividale; Tel. 0 42 75 00 50,
Fax 0 42 75 03 33; 33 Zimmer ★★
AmEx DINERS EURO VISA

Sehenswertes

Castello
Seit dem 12. Jh. beherrschte das Geschlecht der Spengenberg lange Zeit die Stadt (der sie auch den Namen gaben). Ihre Residenz war das Castello, das heute aus Gebäuden verschiedenster Epochen besteht, die man über eine Brücke vom Domplatz aus erreicht. Am schönsten ist der mit Fresken von Bellunello 1469 bis 1475 verzierte gotische Teil mit seinen Bogenfenstern und der geschlossenen Gesamtansicht.
Piazza Castello

Duomo di Santa Maria Maggiore
Der Grundstein für den gotischen Dom wurde bereits 1284 gelegt, fertig gestellt wurde das Gotteshaus erst 1358. Der Dom ist ohne Zweifel eine der schönsten Kirchen des Friaul. Der Innenraum mit den Spitzbogenarkaden ist imposant, beeindruckend vor allem durch seine Fresken aus dem 14. Jh. Ein besonders schöner Zyklus ist in der Apsis zu sehen: Szenen aus dem Alten Testament und aus dem Leben Jesu. Beeindruckend auch die Orgel mit ihren von Il Pordenone 1524 bemalten Türen. In der Krypta ist der Sarkophag des Grafen Walterpertoldo aus dem 14. Jh. zu bewundern.
Piazza Duomo

Scuola Moaicisti del Friuli
Schule, wo die Mosaikkunst wiederbelebt wird. Angeschlossen ist eine Dauerausstellung über die Arbeiten der Schule.
Via Corridoni 4; Tel. 04 27 20 77

Essen und Trinken

La Torre
Klassisch-elegantes Restaurant im mittelalterlichen Schloss: Die gehobene friulanische Küche weiß mit herrlichen **risotti** und feinen **secondi** zu verwöhnen.
Piazza Castello; Tel. 0 42 75 05 55;
So abends, Mo geschl. ★★
AmEx DINERS EURO VISA

Service

Auskunft
Pro Loco Spilimbergo
Piazza Castello; Tel. und Fax 04 27 22 74

Valvasone

■ E 9, S. 119

2000 Einwohner
19 km von Pordenone

Das **Castello di Valvasone** wird erstmals 1206 erwähnt. Zu sehen sind schöne Säle mit Fresken und Stukkaturen, die Hauskapelle und die geräumige Küche. Der **Duomo SS. Corpo di Cristo** ist eine der schönsten Kirchen der Region. Einen Besuch lohnt allein schon die einzige venezianische Orgel Italiens aus dem 16. Jh., deren Türen von Il Pordenone und Amalteo bemalt wurden.

Das Tarvisiano erstreckt sich von der österreichisch-ungarischen Grenze bis ins Kanaltal, das bei Venzone in das breite Tal des Tagliamento mündet.

Das Tarvisiano liegt zwischen den Karnischen und den Julischen Alpen und war immer Grenzgebiet: Bis 1918 verlief die Grenze zwischen Österreich und Italien noch mitten durch das Dorf **Pontebba**. Erst mit Ende des Ersten Weltkriegs kam **Tarvis** – wie es damals hieß – zu Italien. Von seiner Grenzlage profitiert die Region heute mehr denn je: Tarvisio und seine Nachbarorte, aber auch die Wälder und Berge sind ein Naherholungsgebiet für Kärntner und Slowenen. Am Abend sieht man vor den Pizzerie und Ristoranti der Region oft mehr österreichische Kennzeichen als italienische.

Das Tarvisiano hat viel zu bieten: Mit seinen Bergen, einerseits bewaldet, andererseits karg und schroff, mit dem Naturpark des Foresta di Tarvisio im Norden und mit der Hochebene des Montasio, wo der berühmte Käse herstammt, sowie dem Naturpark der Julischen Voralpen im Süden. Und dazwischen idyllische Seen und geschichtsträchtige Ortschaften wie **Tarvisio**, **Malborghetto** und **Venzone**. 1976 erlangte das Kanaltal traurige Berühmtheit, als es zusammen mit den Städten Gemona und Venzone zu den am stärksten vom Erdbeben verwüsteten Teilen des Friaul zählte. Hunderte Menschen starben, Häuser und Kirchen wurden zerstört. Aber die Dörfer des Kanaltales wurden ebenso wie Venzone und Gemona innerhalb weniger Jahre wieder aufgebaut. Da aber das Tal in einer gefährdeten Zone liegt, stellen Erdbeben nach wie vor eine stetige Bedrohung dar.

Dichte Wälder, hohe Berge, rauschende Flüsse und Wasserfälle sowie idyllische Seen – die Karnischen und Julischen Alpen sind ein Naturerlebnis.

Fusine

■ D 6, S. 117

60 Einwohner

Fusine ist ein kleiner Weiler von Tarvisio an der Grenze zu Slowenien. Sehenswert sind die Weissenfels-Seen, Laghi di Fusine, an deren Ufer man wandern und picknicken kann.

Hotels/andere Unterkünfte

Cantina nelle Alpi Giulie M
Liebevoll restauriertes Jugendstilhaus an den Weissenfels-Seen (**Laghi di Fusine**), idealer Ausgangsort für Wanderungen in diesem idyllischen Gebiet.
Via Ponze 5, Fusine; Tel. 04 28 65 13 32; 6 Zimmer ★★ EURO VISA

Sehenswertes

Laghi di Fusine
Zwischen den steinernen Gebirgsketten von Mangart und Ponze und eingebettet in eine grüne Landschaft liegen die beiden kleinen Seen von Fusine, rundherum ist ein herrliches Wandergebiet. Die Seen sind mit dem Auto erreichbar.

10

Lago del Predil

■ D 6, S. 117

In **Cave del Predil** (auf deutsch **Raibl**) wurde seit dem 11. Jh. (bis 1991) Blei und Zink abgebaut. Raibl ist heute ein verfallender Bergbauort mit in den Fels gehauenen Stollen und Resten des alten Bergwerkes. Fährt man allerdings einige Kilometer weiter, kommt man zum kleinen See von Raibl (Lago del Predil), einem schönen Erholungsgebiet mit Wanderwegen und einem Badeplatz.

Lago di Cavazzo

■ A 7, S. 116

Im Süden des Kanaltals, am Lago di Cavazzo, liegen die beiden Gemeinden **Bordano** und **Interneppo**, die sich bei Schmetterlingsliebhabern großer Bekanntheit erfreuen. Für sie wurden spezielle Wege entlang des Sees und auf den Hängen des Monte San Simeone ausgeschildert, wo man an Brut- oder Futterplätzen seltener Arten vorbeikommt. Von Juni bis August findet in beiden Gemeinden ein großes Schmetterlingsfestival statt, bei dem Künstler aus aller Welt Wandbilder (natürlich zum Thema Schmetterling) malen.

Service

Auskunft
Pro Loco
Via Roma, Bordano; Tel. 04 32 98 99 49, Fax 04 32 98 81 85

Malborghetto

■ C 6, S. 116

1000 Einwohner

Die kleine Gemeinde Malborghetto liegt rund 5 km von Tarvisio entfernt auf der Nordseite des Kanaltales. Sie ist auch nur ein paar Kilomter vom Eingang des Valbruna mit seinem bekannten Skigebiet entfernt. Im Zentrum des Ortes sind der **Palazzo Veneziano** und die kleine Pfarrkirche mit ihren gotischen Fresken sehenswert.

Sehenswertes

Palazzo Veneziano
Im Palazzo Veneziano (1591 erbaut) ist das **Museo Etnografico**, das Volkskundemuseum, untergebracht. Es beherbergt Sammlungen zur Mineralogie, Geschichte, Handwerkskunst, Flora und Fauna des Gebietes um Tarvisio. Unter anderem sieht man einen nachgebauten Stollen der Mine von Raibl (**Cave del Predil**). Im Hof hinter dem Palazzo wächst eine 400 Jahre alte Linde mit einem Stammumfang von 5,80 m.
Piazza Palazzo Veneziano;
Tel. 0 42 86 49 70, Di–So 10.30–12.30, 15–18 Uhr; Eintritt 2 €

Essen und Trinken

Antica Trattoria Schönberg
Küche mit österreichischem Einschlag, gegenüber dem Palazzo Veneziano. Die **zuppa del capitano** ist die Spezialität des Hauses: ein köstlicher Eintopf.
Piazza Palazzo Veneziano 13;
Tel. 0 42 86 00 14; Mo abends, Di geschl. ★

Einkaufen

Cooperativa Agricoltori Val Canale
Im Orsteil Ugovizza – 3 km in Richtung Tarvisio – unterhält die Genossenschaft der örtlichen Bauern einen Laden, in dem einer der besten Montasio-Käse, aber auch andere regionale Produkte verkauft werden.
Via Pontebbana 24

Moggio Udinese

■ B 6, S. 116

2100 Einwohner

Die Abtei beherrscht noch immer von einem Felsen aus den kleinen Ort: Zwischen 1084 und 1085 wurde sie als Benediktinerkonvent errichtet und hatte in den folgenden Jahrhunderten große Macht in Friaul, Kärnten und Slowenien. Vom alten Gebäude, das durch das Erdbeben 1976 zerstört wurde, sieht man noch einen Wohnturm, auch **prigione** (Gefängnis) genannt, als welches er während der Napoleonischen Besetzung diente.

Sehenswertes

Parco Naturale delle Prealpi Giulie
■ AC 7, S. 116
Der Park erstreckt sich über 10 000 ha in den Gemeinden **Resia, Resiutta, Moggio Udinese, Venzone** und **Lusevera**. Unter den Naturereignissen sind die Karst-Hochebene des Foran dal Mass oder der Gletscher des Monte Canin (2587 m), einer der wenigen in den Ostalpen.

Oben: Das kleine Städtchen Venzone wurde beim Erdbeben 1976 fast völlig zerstört. Mit viel Engagement errichteten die Bürger die Bauten von Neuem (→ S. 77).

Mitte: Eingebettet in die alpine Berglandschaft bieten die Seen bei Fusine Ruhe, Erholung und Natur pur. Die Gegend ist ein ideales Wandergebiet (→ S. 73).

Unten: Die spätmittelalterlichen Fresken im Dom von Venzone überstanden das große Erdbeben und sind noch heute zu bewundern (→ S. 77).

Monte Lussari ■ C 6, S. 116

Bei Friulanern, Kärntnern und Slowenen gleichermaßen beliebter Marien-Wallfahrtsort auf einem Bergkamm in 1765 m Höhe. Man kann ihn nur zu Fuß von Camporosso oder mit einer Seilbahn von Valbruna aus erreichen. Das Heiligtum (1360) besteht aus einer kleinen Kirche und ein paar Häusern – ein idyllischer Ort ohne Autoverkehr. Im Winter beginnt hier die Abfahrt »Di Prampero«, die über anspruchsvolle Pisten nach Valbruna führt.

Tarvisio ■ D 6, S. 117

6000 Einwohner

In einem breiten Tal zwischen den Karnischen und den Julischen Alpen liegt Tarvisio, das touristische und ökonomische Zentrum der Region. Im Sommer erstrecken sich in der grünen Landschaft 70 km Wanderwege, im Winter findet man herrliche Skipisten in Tarvisio, Sella Nevea und Valbruna. Von der alten Festung von Tarvisio haben sich noch Reste in der Kirchenmauer und zwei Wehrtürme erhalten. Jedes Jahr am 5. Dezember wird hier – wie im Norden – der alte Brauch gepflegt, dass Nikolaus und Krampus die Kinder besuchen, beschenken – und auch rügen.

! MERIAN-Tipp

Auf den Spuren von **Julius Kugy** (1858–1944) kann man sich in Tarvisio begeben. Der bekannte Dichter, Botaniker, Musiker, aber vor allem Bergsteiger, der in Sella Nevea geboren wurde, hat viele Berge der Friulanischen Alpen als Erster bestiegen. Der regionale Tourismusverband organisiert im Sommer unter dem Namen **»Sulle Orme di Julius Kugy«** Exkursionen und Wanderungen mit Bergführern, die auch – grenzüberschreitend – nach Slowenien und Kärnten führen. Informationen gibt es beim APT in Tarvisio.

Hotels/andere Unterkünfte

Edelhof
Scheinbar gotischer Ansitz mit Restaurant und Bierstube: Auch wenn man glaubt, hier wäre alles alt – die mit Holz vertäfelten Stuben, ja sogar das Gewölbe und die Zimmer wurden erst vor wenigen Jahren erbaut.
Via Diaz 11; Tel. 04 28 64 40 25, Fax 04 28 64 47 35; 12 Zimmer ★★ EURO VISA

Nevada
Großes komfortables Drei-Sterne-Hotel mitten im Zentrum von Tarvisio. Restaurant mit guter Fischküche.
Via Kugy 4; Tel. 04 28 23 32, Fax 0 42 84 05 66; Internet: www.hotelnevadatarvisio.com; 30 Zimmer ★★
AmEx DINERS EURO VISA

Sehenswertes

Parco Nazionale Foresta di Tarvisio
■ C 5, S. 116–D 6, S. 117
Der Nationalpark Foresta di Tarvisio erstreckt sich über 23 000 ha in einem Gebiet zwischen den Karnischen und den Julischen Alpen. Zwei Drittel des Parks sind bewaldet. Flora und Fauna dieses Parks sind einzigartig in Italien. Hier gibt es sogar Bären und Luchse.

Museen

Museo Foresta Tarvisiano
Hier bekommt man einen Einblick in Flora und Fauna des tarvisianischen Waldes. Von der Autobahn Tarvisio–Udine zugänglich.
A 23, Fella-Est; tgl. 8–18 Uhr; Eintritt frei

Essen und Trinken

Al Montone
Im Weiler Camporosso gelegene Trattoria in einem alten Steinhaus. Die Küche ist friulanisch und typisch für das Val Canale, mit einfachen, geschmackvollen Speisen, wie der **zuppa di orzo e fagioli** (eine Gersten-Bohnen-Suppe) oder den **ravioli di capriolo al formaggio Montasio** (Ravioli mit Wild gefüllt und mit Montasio-Käse). Versuchen Sie, in der Gaststube mit den Fresken der Kontinente an den Wänden einen Tisch zu bekommen.
Via Valcanale 53; Tel. 0 42 86 30 10;
Mo geschl. ★★ AmEx DINERS EURO VISA

Service

Auskunft
APT del Tarvisiano e di Sella Nevea
Via Roma 10, Tarvisio; Tel. 04 28 21 35,
Fax 04 28 29 72

Venzone

A 7, S. 116

2400 Einwohner

Das hübsche, von einer Stadtmauer bewehrte Städtchen Venzone – im äußersten Süden des Tarvisiano – liegt zu Füßen der Julischen Voralpen. Auch Venzone erlangte, aufgrund seiner Lage, Reichtum als Handelsstadt auf dem Weg nach Norden. Erstmals erwähnt wurde die Stadt im Jahre 923 in einer Urkunde des Kaisers Berengario als Clausae de Abincione. Der Patriarch von Aquileia, Bertrando di S. Geniès, gewährte 1336 Venzone das Recht, einen wöchentlichen Markt abzuhalten. Am 2. August 1338 weihte der gleiche Bertrando – begleitet von acht Bischöfen und einem Erzbischof – den neu erricheten Dom.

Venzone wurde 1976 beim großen Erdbeben fast komplett zerstört, aber mustergültig wieder aufgebaut. Es ist wie einst von einer wunderschönen Stadtmauer umgeben und besitzt kleine Gässchen, Bürgerhäuser und Paläste. Das **Municipio** ist im 14. Jh. im venezianisch-gotischen Stil erbaut worden. Sehenswert ist seine offene Loggia mit den Fresken von Amalteo. Auf dem Turm prangt noch der Löwe von Venedig als Erinnerung an die einstige Herrschaft der Serenissima.

Sehenswertes

Capella di San Michele
Vor dem Haupteingang des Domes steht die kleine Capella di San Michele, die fünf am Friedhof »natürlich« mumifizierte Leichen beherbergt: Die älteste heißt »Gobbo«, stammt aus dem 14. Jh. und wurde 1647 gefunden. Sie ist neben dem Ötzi die älteste Mumie Italiens und war zeitweilig so bekannt, dass sogar die napoleonischen Truppen, als sie durch das Tal zogen, sich den legendären »Gobbo« zur allgemeinen Begutachtung in ihr Heerlager bringen ließen.
Piazza del Duomo; Gettoni (Münzen) für den Eintritt in die Kapelle erhält man in den Bars und Geschäften von Venzone

Duomo Sant'Andrea Apostolo
Der das Stadtbild dominierende Dom aus dem 14. Jh. ist in den Jahren nach 1976 Stein für Stein wiedererstanden. Sein Stil zeigt den Übergang von der Romanik zur Gotik. Mehrere Teile der Innenausstattung blieben trotz Einsturz der Kirche erhalten, u.a. die Fresken im Langhaus. Sie stellen die Trinität sowie den Heiligen Georg dar (1340–50).
Piazza del Duomo

Service

Auskunft
Pro Loco
Via Glizoio di Mels 5/4; Tel. und Fax
04 32 98 52 66

Carnia ist jene hügelige Region im Nordwesten des Friaul, wo die Flüsse in die teils schroffe, teils grüne Bergwelt der Karnischen Alpen und der Dolomiten ihr tiefes Bett geschnitten haben.

Carnia wird von den höchsten Bergen des Friaul dominiert. Hier ist eine Kultur zu finden, die vielleicht mehr mit Südtirol und Kärnten zu tun hat als mit Lignano und Triest.

Einst siedelten hier Kelten, und schon vor Christi Geburt führte eine wichtige Straßenverbindung von Aquileia über den Passo Monte Croce (Plöckenpass) in die Provinz Noricum. Die wichtigste Siedlung an dieser Straße war Zuglio. Es besaß ein Forum und eine Terme, wo sich die römischen Bürger und Soldaten in den kalten Wintermonaten wärmen konnten. Denn in Carnia ist der Schnee ein regelmäßiger Gast – hier sind auch einige der bedeutendsten **Skigebiete** des Friaul zu finden: Das größte ist **Ravascletto**, aber auch in **Forni Avoltri, Forni di Sopra, Sauris, Vergegnis** und **Prato Carnico** kann man dem weißen Sport frönen. Alle diese Orte sind übrigens leicht mit dem Auto erreichbar – in weniger als einer Stunde ist man von der Autobahn Udine–Tarvisio (Abfahrt Tolmezzo) auch im entferntesten Dorf.

Weil Carnia meist Bauernland war, gab es hier für Eroberer nicht viel zu holen. Die Landschaft und die Dörfer sind deshalb unberührter als in vielen anderen Regionen Italiens – selbst in den nördlicheren Alpengebieten ist eine so ursprüngliche Region schwer zu finden.

Val Degano, Val Pesarina, Val Tagliamento, Valle del Lumiei, Valle del But, Valcalda, Canale d'Incarojo und die Conca di Tolmezzo: Jedes der Täler Karniens hat seine Besonderheiten und Eigenheiten. Es finden sich hier auch Zeugen des frühesten Christentums, wie die mit mittelalterlichen Fresken geschmückten Urpfarrkirchen auf den Hügeln.

In Carnia wird die Nähe zu Südtirol und Kärnten spürbar. Einer der beliebtesten Urlaubsorte der Region ist Forni di Sopra (→ S. 80).

Der besondere Schatz Carnias ist die unberührte Natur: Einer der schönsten Naturparks Oberitaliens ist die **Riserva Naturale Regionale delle Dolomiti Friulane** – geteilt zwischen den Provinzen Udine und Pordenone. Mit 37 000 ha ist dies der größte Naturpark des Friaul. Er bezieht Gemeinden des Alta Valcellina wie Tramonti di Sopra und Frisanco ebenso ein wie Forni di Sopra und Forni di Sotto im Tal des Tagliamento. Die Berge erinnern an die Südtiroler Dolomiten. Die imposantesten Ketten sind die Berge im Val Meduna und im Val Colvera sowie die Monfalconi-Kette mit dem spitzen »Campanile« im Val Montanaia. Der Coglians (2781 m), der höchste Berg des Friaul, erhebt sich ebenfalls hier. 8

Die Voralpen und die Karnischen Alpen setzen sich im Veneto in den Dolomiten fort und sind natürlich – mit ihren Almen, Hütten und vielen Kilometern Spazierwegen – ideales Wandergebiet. Mountainbiker finden hier zahlreiche, speziell für Radler ausgewiesene Strecken. Und während man per pedes oder per Rad die Höhen erklimmt, kann man mit etwas Glück Steinböcke, Gemsen, Rehe und Murmeltiere – und sogar Braunbär und Luchs sehen.

Ampezzo

■ D 2, S. 115

1300 Einwohner

Ampezzo liegt im grünen Tal des Tagliamento auf einer Anhöhe und ist ein kleines, verschlafenes Städtchen mit engen Straßen, durch das sich die Autos nach Sauris und Forni di Sopra quälen. Man sollte trotzdem halten: Die Pfarrkirche ist mit Bildern des bekannten karnischen Malers Nicola Grassi aus dem 18. Jh. geschmückt. Zu besuchen ist auch das **Museo Paleontologico della Carnia** mit Funden von Dinosauriern und anderen Fossilien aus der Region.

Arta Terme

■ F2, S. 115

2300 Einwohner

Arta Terme ist wohl der bekannteste Kurort des Friaul. Die **Fonte Pudia,** eine Schwefelquelle, speist das Hallenbad und alle Anwendungen in der Thermalanstalt unterhalb des Ortes. Die beiden Ortsteile von Arta Terme, vor allem das stille **Piano d'Arta,** haben den etwas überkommenen Charme eines alten Kurortes. Im Stadtteil Chiusini liegt die um 1450 mit Fresken ausgeschmückte kleine Kirche **Santo Spirito.**

Hotels/andere Unterkünfte

Park Oasi
Ruhiges Hotel im Grünen auf der Anhöhe über der Terme.
Viale delle Terme 15, Piano d'Arte;
Tel. 0 43 39 20 48, Fax 04 33 92 89 30;
29 Zimmer ★★ AmEx DINERS EURO VISA

Sehenswertes

Terme di Arta
Die Terme steht für Besucher offen – das Hallenbad ist täglich von 16–20 Uhr geöffnet. Sport- und Therapieprogramme auf Anfrage.
Via Nazionale 1; Tel. 04 33 92 93 20,
Fax 04 33 92 93 22

Service

Auskunft
APT della Carnia
Via Umberto I 15, Arta Terme;
Tel. 04 33 92 92 90, Fax 0 43 39 21 04

Forni di Sopra

■ C2, S. 114

1200 Einwohner

Von den beeindruckenden Gipfeln der Alpen bewacht, ist Forni di Sopra im Winter und im Sommer ein beliebter Erholungsort. Die Kräuter des Waldes und der Berge rundherum werden alljährlich im Frühjahr im Rahmen einer **Festa delle erbe di primavera** (Fest der Frühlingskräuter) gefeiert. In der Kirche von **San Floriano** sind ein kunstvolles Altarbild von Bellunello, das Polyptichon (1480) mit seinen großen rhythmisch durchkonzipierten Figuren und ein prächtiger Freskenzyklus von Gianfrancesco da Tolmezzo von 1500 zu sehen. Von diesem Maler sind auch Fresken in der Kirche **San Lorenzo in Forni di Sotto** und in der Kirche **San Martino** in **Socchieve** erhalten.

Forni di Sopra gilt als ein besonders familienfreundlicher Ferienort – in der Hauptsaison hat hier die Kinderstätte »Mary Poppins« geöffnet. Dort können die Kleinen von professionellen Pädagogen betreut werden, während die Eltern in Ruhe die Skipisten bzw. Wanderwege erkunden.

Hotels/andere Unterkünfte

I Larici
Das komfortabelste Hotel des Dorfes, unweit des Skilifts. Mit Restaurant und angeschlossener Diskothek.
Via Chianeit 5/bis; Tel. 04 33 88 67 01,
Fax 04 33 88 67 10; 68 Zimmer ★★★
AmEx DINERS EURO VISA

Essen und Trinken

Ristorante Davost
Auf traditionelle regionale Küche spezialisiertes Restaurant: Versuchen Sie **radic di mont,** in 2000 m Höhe geernteteten Radicchio, der in Essig eingelegt wird. Angeschlossenes Drei-Sterne-Hotel.
Via Tagliamento 12; Tel. 0 43 38 81 03;
Mo geschl. ★★ VISA

Service

Auskunft
APT
Via Cadore 1; Tel. 04 33 88 67 67,
Fax 04 33 88 66 86

Paluzza

E 2, S. 115

3000 Einwohner

Paluzza ist der letzte Ort vor dem Plöckenpass (Passo Monte Croce) und der österreichischen Grenze. Aus dem Mittelalter ist der **Torre Moscardo**, der Rest einer Festung, erhalten. Im Ortsteil Timau – 4 km weiter Richtung Plöckenpass – erinnern zwei Monumente an den Ersten Weltkrieg, dessen Front entlang der Höhenzüge verlief: der **Tempio Ossario**, ein Kriegerdenkmal, und das **Museo della Grande Guerra** mit seiner Sammlung an Relikten von diesem Abschnitt der Front. Es werden auch Exkursionen entlang der alten Schützengräben in den Bergen angeboten. Einen Ausflug lohnt das 1300 m hoch gelegene **Castello di Valdajer** aus dem 15. Jh. in **Ligosulo**, das, nachdem es im Krieg zerstört wurde, heute wieder zu besichtigen ist.

Hotels/andere Unterkünfte

Italia
Kleines Hotel im Zentrum von Paluzza. Idealer Ausgangsort für Erkundungen der Gegend. Im angeschlossenen Restaurant gibt's friulanische Küche von der Mamma.
Via Matteotti 2; Tel. 04 33 75 51 18;
18 Zimmer ★ EURO VISA

Paularo

F 2, S. 115

3200 Einwohner

Paularo, überragt vom imposanten Monte Sernio (2190 m), ist das Zentrum des weitläufigen Valle d'Incarojo und vor allem wegen seiner gut erhaltenen Häuser aus dem späten Mittelalter sehenswert. Besonders schön: der **Palazzo Calice di Villafuori**, der auf den Resten einer alten Befestigungsanlage entstand. In der kleinen Kirche sind ein Freskenzyklus und der kunstvoll aus Holz geschnitzte Altar (16. Jh.) zu sehen.

Ravascletto

E 2, S. 115

750 Einwohner

Ravascletto ist das Skizentrum der Karnischen Alpen, das man am besten von **Paluzza** aus erreicht: Die Pisten am 1750 m hohen Monte Zoncolàn sind auch für geübte Skifahrer interessant. Am Abend gibt's auch Après-Ski. Auch im Sommer lohnt Ravascletto einen Besuch: Am dritten Sonntag im August findet die **Fiesta tas corts – Savors di una volta** statt, die die Traditionen der karnischen Küche mit Vorführungen und Verkostungen hochhält. Für Freunde schöner Alpenstraßen auf zwei und vier Rädern ein Tourenvorschlag: Über die Straße **Panoramica delle Vette** kann man von Ravascletto nach Tualis fahren und dabei den Monte Crostis (2251 m) hinaufkurven.

Hotels/andere Unterkünfte

La Perla
Familiär von Chefin Sara Polo geführtes Haus mit allen Annehmlichkeiten. Idealer Standort für einen Wander- oder Skiurlaub, direkt gegenüber der Seilbahnstation zum Zoncolan.
Via Santo Spirito; Tel. 0 43 36 60 39,
Fax 0 43 36 63 51; 41 Zimmer ★★
AmEx DINERS EURO VISA

Essen und Trinken

Bellavista
Dina Biancotto kocht nach alten Rezepten karnische Gerichte, wie **orzo e fagiolo** (Gerste mit Bohnen). Sehr gut sind auch die Wildgerichte.
Via Roma 22; Tel. 0 43 36 60 89; Do geschl.
★★ AmEx DINERS EURO VISA

Service

Auskunft
APT
Piazza Divisione Julia, Tel. 0 43 36 64 47,
Fax 04 33 61 69 21

Sauris

■ D 2, S. 115

500 Einwohner

Das grüne Hochtal von Sauris erreicht man über eine 14 km lange, kurvige Straße von Ampezzo im Tagliamento-Tal aus. Sauris ist mit einer Höhe von 1000 (Sauris di Sotto) bis 1400 m (Sauris di Sopra) die höchstgelegene Gemeinde des Friaul. Die Holz- und Steinhäuser der beiden Ortsteile schmiegen sich zum Schutz vor der oft unwirtlichen Witterung eng aneinander. Das Tal ist eine deutschsprachige Enklave: Im Mittelalter gegründet von Einwanderern aus Kärnten, wird hier noch ein mittelhochdeutscher Dialekt gesprochen – **Zahre** nennen die Einheimischen zum Beispiel ihren Ort. Aber Vorsicht: Diese alte Form ist vom heutigen Hochdeutsch so weit entfernt, dass man sich mit ein paar Brocken Italienisch noch besser verständigen kann.

7

Bewahrt haben sich auch alte Traditionen wie ein Maskenumzug im Fasching: Schöne und hässliche Masken (hier heißen sie **Rölar** und **Kheirar**) als Sinnbilder für Winter und Frühling tanzen und kämpfen miteinander um die Vorherrschaft. Für einen Aktivurlaub bietet das Hochtal Möglichkeiten zum Ski fahren, Mountainbiken und – natürlich nur im Sommer – am großen Stausee unterhalb von Sauris di Sotto zum Windsurfen und Kanufahren.

Hotels/andere Unterkünfte

Borgo di San Lorenzo M

Alte Bergbauernsiedlung, umgebaut zu einem kleinen Feriendorf: Man schläft in den alten Holzhäusern in Zimmern oder Appartements (bis zu 8 Personen) mit rustikalen Möbeln und offenen Kaminen.

Frazione 8 di Sopra 7/g;
Tel. 0 43 38 62 21 ★★ AmEx DINERS EURO VISA

Riglarhaus

Rustikales Berghotel in einem Weiler von Sauris, inmitten der Bergwelt Carnias. Im angeschlossenen Restaurant kann man sich in die geschmackvolle lokale Küche einführen lassen.

Via Lateis 3; Tel. 0 43 38 60 13,
Fax 0 43 38 60 49; 14 Zimmer ★★
AmEx DINERS EURO VISA

Museen

Museo Etnografica

Sammlungen zur Geschichte des Tales und seiner Einwohner. Man erhält sogar eine kleine Einführung in den Dialekt von Zahre.

Sauris di Sotto; Sa, So 10–12.30, 15–18 Uhr; Eintritt frei

Essen und Trinken

Alla Pace M

Karnische Küche pur: Man beginnt mit **prosciutto di Sauris** und dazu den passenden Almkäse (**formaggio di malga**), danach **cjarsòns** (große Ravioli mit Ricotta und Trockenfrüchten gefüllt) und **dunkalte con polenta** (Schweinefleisch und Würste in Milch gekocht, dazu Polenta).

Via Roma 39, Sauris di Sotto;
Tel. 0 43 38 60 10; Mi geschl. ★
AmEx DINERS EURO VISA

Einkaufen

Wolf

In Sauris kauft man natürlich eines: den dezent geräucherten und luftgetrockneten Schinken, die Spezialität des Ortes. Wolf ist der größere der beiden Produzenten. Er hat in seinem angeschlossenen Geschäft auch Salami, Speck und geräucherte Würste im Angebot.

Sauris di Sotto 88

Petris & Polentarutti

Noch etwas kleiner und handwerklicher geht es in dieser Prosciutteria in

Sauris di Sopra zu, wo man natürlich auch verkosten und einkaufen kann.
Via Casera Razzo 61, Sauris di Sopra

Service

Auskunft
APT
Terminal Sauris di Sotto; Tel. 0 43 38 60 76, Fax 04 33 86 69 00

Tolmezzo

E 2, S. 115

11 000 Einwohner

Tolmezzo liegt in der weiten Ebene der Conca di Tolmezzo, dort, wo die Flüsse Tagliamento und Burt aufeinander treffen. Schon im frühen Mittelalter war es eine befestigte Siedlung mit einer Burg auf einer Anhöhe (davon sind noch Ruinen zu sehen, die man über einen Pfad vom Stadtzentrum aus erreicht). Im Jahre 1258 erhielt Tolmezzo vom Patriarchen Gregorio di Montelongo das Marktrecht. Der daraus resultierende Reichtum spiegelt sich in den Häusern und Palästen des **borgàt**, des Stadtzentrums, wider. Die Straßen sind auch heute noch gesäumt von Geschäften in Laubengängen und zeugen von der nach wie vor ungebrochenen Bedeutung des Handels für den Ort.

Museen

Museo Carnico delle Arti e Tradizioni Popolari Michele Gortani
Nach dem Gründer benanntes Volkskundemuseum in einem Palast im Zentrum Tolmezzos. Traditionelle Küchen mit dem **focolare**, dem offenen Herd in der Mitte des Raums, komplett eingerichtete Schlaf- und Wohnzimmer, aber auch Fotos und Bilder regionaler Künstler zeigen, wie die Karnier vom 14. bis ins 19. Jh. gelebt haben. Auch die Produktion der **scarpéts**, der Friulaner Pantoffeln, und das Handwerk der Weberei, einst ein wichtiger Wirtschaftszweig der armen Region, werden demonstriert. Dazu gibt es Schauräume über das Leben auf den Almen (**malghe**) oder über alte Volksbräuche wie den Karneval und den Besuch von Nikolaus und Krampus vor Weihnachten.
Via della Vittoria 2; Di–So 9–13, 15–18 Uhr; Eintritt 3,60 €

Essen und Trinken

Al Borgat
Am Anfang des mittelalterlichen Borgat (des Stadtzentrums) liegt diese kleine Trattoria, wo man auch Schinken aus Sauris verkosten kann.
Piazza Mazzini 7/b; Tel. 0 43 34 03 72; So geschl. ★★ AmEx DINERS EURO VISA

Caffè Manzoni
Elegantes Kaffeehaus neben dem Dom: Hier treffen sich die Einheimischen auf einen Cappuccino.
Piazza del Duomo

Service

Auskunft
APT della Carnia
Via Umberto I 15, Arta Terme;
Tel. 04 33 92 92 90, Fax 0 43 39 21 04

Zuglio

E 2, S. 115

700 Einwohner

Das ehemalige Forum Julium Carnicum an der Via Iulia Augusta wurde um 50 v. Chr. gegründet. Von der römischen Siedlung haben sich die Reste des Forums, die Basilika und die Fundamente eines Tempels erhalten. Das **Museo Archeologico** daneben zeigt eine Reihe von Funden aus dieser Zeit. Eine der signifikantesten Kirchen Carnias steht auf der Anhöhe im Nordwesten: **San Pietro di Carnia**. In ihrem Inneren befindet sich ein kostbares Polypticon von Domenico da Tolmezzo mit 18 Figuren (Ende 15. Jh.).

EXTRA: Das Friaul mit Kindern

Das Friaul ist eine kompakte Region, und man gelangt schnell von einem Ort zum anderen. So kann man nach dem Sonnenbaden am Strand von Lignano ins Auto steigen und ist in einer knappen Stunde in Triest, um sich das Schloss Miramare anzusehen oder in die Tiefen der Grotta Gigante zu steigen.

Das Friaul hat Familien mit Kindern eine Menge zu bieten: Lignano lockt mit Vergnügungsparks und einem großen Zoo, man kann Exkursionen in die Naturreservate der Lagune von Marano oder Grado unternehmen, mit dem Boot entlang der Triestiner Riviera oder auf der Stella fahren. In den Bergen der Karnischen und Julischen Alpen kann man leichte Wanderungen unternehmen, oder man erklimmt die Zinnen eines der vielen Schlösser, die einst das Friaul beherrschten.

Die Friulaner sind kinderfreundlich – und auf Familien zugeschnittene Ferien kann man hier leicht planen: Neben Campingplätzen und Appartements am Meer in Lignano oder Grado, die auch kostengünstig für große Familien Platz bieten, ist die Zahl der **Agriturismi** ständig am Wachsen: Urlaub auf dem Bauernhof – meist ebenfalls in Appartements mit ausreichend Platz für Groß und Klein. Natürlich gibt es auch in der gesamten Region eine Reihe von familienfreundlichen Hotels.

Die wichtigsten Zutaten für einen gelungenen Familienurlaub fehlen nicht: Strand und Meer im Sommer sowie Schnee und Berge im Winter.

Aquasplash ■ F 11, S. 119
Aquasplash war der erste Wasserpark Italiens. Wasserspaß pur auf 40 000 qm Fläche: Bäder, Piratenschiffe, Wasserrutschen, Spielplätze – hier können sich kleine Wasserratten austoben. In kleinen Parkanlagen kann man auch ein Picknick machen – denn Plantschen macht ja bekanntlich hungrig.
Lignano Sabbiadoro, Viale Europa; Tel. 04 31 42 88 29; Internet: www.aquasplash.it; Ende Mai–Sept. tgl. 10–18.30 Uhr; Eintritt 9,50 €

Grotta Gigante ■ E 15, S. 121
2 Die Grotte bei Sgonico steht im Guinness-Buch der Rekorde als größte dem Publikum erschlossene Höhle. Der Rundgang zwischen Stalagmiten und Stalaktiten dauert rund 50 Minuten, und man muss dabei 500 Stufen bewältigen – ist also für ganz Kleine nicht empfehlenswert (→ S. 37).

Es muss nicht immer der obligatorische Strandurlaub sein – auch Städte und deren Sehenswürdigkeiten kann man spielerisch mit den Kleinen erkunden, wie hier die Piazza Matteotti in Udine.

Gulliverlandia ■ F 11, S. 119
Vergnügungspark, der Groß und Klein auf Entdeckungsreise führt – hier lernt man die Welt der Mayas und Ägypter kennen, erfährt, wie die Dinosaurier gelebt haben, erkundet beim Gang durch einen Unterwassertunnel die Meereswelt oder wird Zeuge eines mittelalterlichen Turniers.
Lignano Sabbiadoro, Via San Giuliano, Tel. 04 31 42 88 26; Mai–Juni, Sept. tgl. 10–18, Juli/Aug. tgl. 10–14, 19–23 Uhr; Eintritt 13 €

Museo della Terra dei Nove Castelli ■ B 8, S. 116
Im Museum kann man hautnah erfahren, wie das Leben in einem mittelalterlichen Schloss einst abgelaufen ist: von der täglichen Arbeit der Knechte und Mägde über Ritterturniere bis hin zum festlichen Abendbankett.
Attimis, Via Principale 99; Mai–Sept. Di, Do, Sa, So 10–13, 16–19, Okt.–April Di, Do 10–13, Sa, So 10–13, 15– 18 Uhr; Eintritt 3,60 €

Parco Zoo Punta Verde ■ F 12, S. 119
200 verschiedene Tierarten, halbwegs artgerecht untergebracht. Für Kinder besonders spannend: die Raubtierfütterung. Für die ganz Kleinen gibt's Spielplätze und einen Streichelzoo (→ S. 44).
Lignano Riviera; Via Scerbanenco 19/1; Tel. 04 31 42 87 75; März–Okt. tgl., Feb. nur So 9 Uhr bis Dämmerung; Eintritt 8 €

Riserva Naturale Marina di Miramare ■ E 15, S. 121
Auf Kinder zugeschnittene Touren organisiert das Centro Visite, bei denen man das Meer mit allen Sinnen kennen lernt. Aber Vorsicht: Die Füße können dabei nass werden! Das Besucherzentrum des WWF befindet sich im Park des Schlosses Miramare (→ S. 34).
Triest; Parco di Miramare; Tel. 0 40 22 41 47

EXTRA: Sport und Strände

Die Strände von Friaul-Julisch Venetien beschränken sich auf ein relativ kleines Gebiet zwischen Lignano, Grado und die Riviera Triestina im Norden von Triest. Dafür sind sie umso schöner: Kaum trifft man hier auf Massentourismus, selbst Lignano hat mit seinem »sabbiadoro«, dem goldenen Sand, Platz für jeden. Besonders hübsch sind die Buchten von Duino und Sistiana und auch die Pineta von Grado, obwohl man es an den flachen Stränden von Grado auch mit einem etwas unangenehmen Phänomen zu tun bekommt: mit Ebbe.

Friaul ist eine ideale Sportdestination: Man kann Ski fahren und klettern, mountainbiken und paragliden, tauchen und Kanu fahren, golfen und schwimmen.

Aber man ist im Friaul nicht auf das Wasser angewiesen, um einen schönen Urlaub zu verbringen: Der Adriaküste steht das Hochgebirge der Dolomiten, der Karnischen und Julischen Alpen gegenüber, wo man – umringt von Bergriesen – bergsteigen, wandern, mountainbiken und im Winter auf kilometerlangen Pisten Ski fahren kann. Und reicht einem das immer noch nicht, liegen zwischendrin einige der schönsten Golfplätze Norditaliens. Piancavallo ist nicht nur ein Skiort, sondern auch wegen seiner Aufwinde bei Drachenfliegern und Paragleitern beliebt.

Angeln

Ein örtlicher Angelschein ist für Flüsse und Seen Pflicht (Infos gibt das örtliche APT), angeln im Meer ist ohne Einschränkung gestattet.

Golf

Hier eine Auswahl:

Golf Club Gorizia ■ D 13, S. 121
San Floriano del Collio; Tel. 04 81 88 42 52

Golf Club Grado ■ C 15, S. 120
Rotta Primero Grado; Tel. 0 43 18 13 71

Golf Club Lignano ■ F 11, S. 119
Via della Bonifica 3, Lignano Sabbiadoro; Tel. 04 31 42 80 25

Golf Club Trieste ■ E 16, S. 121
Via Padriciano 80, Trieste; Tel. 0 40 22 61 59

Golf Club Udine ■ A 8, S. 116
Via dei Faggi 1, Fagagna; Tel. 04 32 80 04 18

Rad fahren

Rad fahren kann man im Friaul fast überall. Mountainbikerouten gibt's in Carnia und im Tarvisiano, Radwege durchqueren die Ebenen des Tagliamento, die Hügel des Collio und den Karst. Besonders schön: von Triest an der Küste entlang bis zum Schloss Miramare.

Der feine Sandstrand von Grado an der Adria lockt im Sommer zahlreiche Badeurlauber an und gilt als einer der schönsten Strände Italiens.

Reiten

Reitausflüge und Trekking werden in allen Landesteilen organisiert. Infos bei: Associazione Friulana di Equitazione »Forum Julii« ■ C 8, S. 116
Via Gemona 131, Cividale del Friuli; Tel. 04 32 71 52 02.

Ski

Forni di Sopra ■ C 2, S. 114
Die längste Piste des Friaul führt vom Vermost ins Tal (4320 m), ansonsten ist das Skigebiet eher klein.
Infos: APT; Tel. 04 33 88 67 67

Piancavallo ■ C 4, S. 114
Bis 1991 machte hier der Damen-Skiweltcup Station. Inzwischen ist Piancavallo in den Händen der Snowboarder und Freestyler, aber auch Carver finden noch genug Platz.
Infos: APT; Tel. 04 34 65 51 91

Tolmezzo ■ E 2, S. 115
Hier gibt es einige der schönsten Skigebiete des Friaul: Sella Nevea, Valbruna und der Monte Lussari.
Infos: APT; Tel. 04 28 21 35

Strände

Acht Kilometer Sandstrand hat allein **Lignano Sabbiadoro** zu bieten, dazu kommen noch **Lignano Pineta** und **Lignano Riviera**. Der flach abfallende Sandstrand von **Grado** gilt als einer der schönsten Italiens. Steile Felsklippen und dazwischen kleine Felsbuchten, das ist die **Riviera Triestina**, die sich von Duino bis Triest zieht.

Wandern

Zwischen den Karnischen Alpen und dem Karst findet man überall Wanderwege verschiedensten Schwierigkeitsgrades. Informationen darüber geben die örtlichen APT und Pro Loco.

Durch die Weinberge mit dem Auto, entlang des Tagliamento mit dem Rad und zu Fuß durch die Karnischen und Julischen Alpen und den Karst: Das Friaul lohnt, entdeckt zu werden.

Rennrad!

Stimmungsvoll und nicht nur für Weinliebhaber eine Reise wert: die Weinberge bei San Floriano del Collio (→ S. 94).

Mit dem Auto

Von San Daniele nach Cividale

Die 26 Hersteller von San Daniele, die sich im Schutzkonsortium zusammengefunden haben, erzeugen insgesamt rund 3 Millionen Stück Schinken.

Wir beginnen unsere Rundreise in **San Daniele del Friuli**: Das kleine Städtchen auf einem Hügel in der Ebene wird umrahmt von den Karnischen und Julischen Alpen. San Daniele ist die Schinkenhauptstadt Norditaliens: Über 400 000 Menschen sind allein am letzten Wochenende im August hier beim **Schinkenfest** zu Gast.

Die strengen Hygienevorschriften der Europäischen Union erschweren den Besuch einer Schinkenfabrik. Die meisten Produktionsstätten, wie **Morgante, Dall'Ava** oder **Picaron**, besitzen aber Verkaufsstellen.

Auch kunsthistorisch hat San Daniele einiges zu bieten: Den **Dom**, der den Hauptplatz überragt, daneben das alte **Rathaus** mit der berühmten **Biblioteca Guarnieriana** mit ihrer wertvollen Handschriftensammlung oder die kleine Kirche von **San Antonio Abate** mit ihren wunderschönen Fresken von Pelegrino da San Daniele gehören zu den Pflichtpunkten eines Besuchs.

Von **San Daniele** fahren wir weiter Richtung Osten nach **Tarcento.** Auf der Strecke kommen wir an zahlreichen herrschaftlichen Ansitzen vorbei: Vom **Castello Ragogna** sind heute nur mehr Ruinen zu sehen. Das **Schloss von Susans** (17. Jahrhundert) ist besser erhalten. In **Bùia** sind die Gemälde von Giovanni Battista Grassi in der Kirche **San Lorenzo** (1568) sowie die Altartafel von Domenico da Tolmezzo (1480) in der Kirche **Madonna di Bùia** sehenswert. An die Erdbebenkatastrophe von 1976 erinnern noch die Reste des einstmals imposanten Schlosses **Colloredo di Montalbano**.

Bei **Tarcento** beginnt die Region, wo der Ramandolo wächst, neben dem Picolit die bekannteste Süßweinrebe aus dem Friaul und der erste Wein der Region, der mit dem DOCG (der kontrollierten und garantierten Ursprungsbezeichnung) bedacht wurde. Mitten in der Zone des Ramandolo – ein Ortsteil der Stadt gab dem Wein den Namen – liegt **Nimis**, deren Pfarrkirche **SS. Gervasio e Protasio** aus dem Hochmittelalter stammt. Das nahe **Attimis** wurde einst von drei Burgen beherrscht, von denen heute größtenteils nur mehr Ruinen stehen. Vom Leben in einem mittelalterlichen Schloss erzählt das **Museo della Terra dei Nove Castelli** in Attimis. In **Faedis**, mitten im Weinbaugebiet der **Colli Orientali**, kann man eine kleine Rast einlegen, um sich bei **frico con patate** in der heimeligen **Trattoria da Giulietta** zu erholen (Via Pocivella 16; Tel. 04 32 71 12 06; Mi, Do geschl. ★★).

Danach fahren wir gegen Süden über welliges und sanft geformtes Land mit Weinbergen und Wäldern. Unsere Tour endet in **Cividale del Friuli**. Wer die Fahrt durch die Weinberge ausweiten will, kann von hier aus zur **Weintour** (→ S. 92) durch die Weinberge der **Colli Orientali** und des **Collio** starten.

Dauer: Tagesausflug; **Länge:** ca. 50 km;
Karte: → S. 116

Tarcento
5 km
Nimis
5 km
Attimis
5 km
Faedis
ss356
12 km
Cividale del Friuli

Im Städtchen San Daniele del Friuli wird eine der bekanntesten kulinarischen Spezialitäten des Friaul hergestellt: der aromatische Schinken (→ S. 62).

Durch die Weinberge der Colli Orientali und des Collio

Ponca heißt der Untergrund, auf dem die besten Weine des Friaul wachsen.

In den grauen brüchigen Stein des Karstes, vor Jahrmillionen entstanden, treiben die weißen und roten Reben ihre Wurzeln, auf der Suche nach Wasser und mineralhaltigen Nährstoffen, die der **Ponca** zur Genüge besitzt. Die Mineralien finden sich wieder in den fruchtigen, knackigen Weißweinen, aber auch in den samtenen tieffarbigen Roten des Landes.

In der Ferne des Nordens erblickt man noch die schneebedeckten Gipfel der Julischen Alpen, im Osten wölben sich die karstigen Berge Sloweniens, und im Westen erstreckt sich die Ebene bis nach Venetien hinein. Mittendrin haben die Flüsse ergiebigen Boden geschaffen, grüne, sanfte Hügel im Norden und Osten und eine weite, fruchtbare Ebene gen Süden zum Meer.

Von den Hügeln bei Nimis fast bis an die Küste bei Grado reiht sich eine Rebe an die andere, ein Weingut an das nächste.

Das Friaul ist Bauernland. Hier gab es nie Großgrundbesitzer wie in der Toskana oder im Piemont. Der moderne friulanische Weinbau begann in den 60er Jahren mit den ersten DOC-Gebieten (**Denominazione di Origine Controllata**), die sich einer strengen Kontrolle von verwendeten Trauben, Ertrag und Ausbau unterordneten. Die Hügel des Collio waren die Ersten, die sich zu einem DOC zusammenfanden, später folgten Grave, Colli Orientali und Isonzo, heute sind es acht über das Friaul verstreute Gebiete und eine DOCG-Zone.

Unsere Fahrt durch die Weinberge beginnt in **Cividale del Friuli**, dem von Julius Cäsar gegründeten **Forum Julii**, am Ufer des Natisone, welcher von der mächtigen **Ponte del Diavolo** überspannt wird. Cividale, die Hauptstadt der ersten Grafschaft der Langobarden, ist einer der geschichtsträchtigsten Orte des Friaul: Das interessanteste Bauwerk

5 der Stadt ist der **Tempietto Longobardo**, ein altes Oratorium auf einem Felsen am Natisone, mit seinen kunstvollen Stuckarbeiten aus lango-

bardischer Zeit. Auch in dem an den Dom angeschlossenen **Museo Cristiano** ist mit dem steinernen Altar des Königs Ratchis ein langobardisches Meisterwerk zu sehen. Einkaufsmöglichkeiten findet man in den Gassen von Cividale, man sollte die Stadt aber nicht verlassen, ohne in einer **Pasticceria** die **gubana**, den süßen, mit Trockenfrüchten und Sliwowitz gefüllten Kuchen, probiert zu haben.

Unsere Fahrt geht weiter nach Süden, hinein in die hügelige Landschaft der **Colli Orientali**. Nach fünf Kilometern kommen wir nach **Spessa** mit seinem schönen Schloss, das allerdings in Privatbesitz ist. Zwei Kilometer weiter biegt rechts eine Straße ab zur alten Malteserfestung **Rocca Bernarda** (16. Jahrhundert), heute ein Weingut mit qualitätsvollen Weiß- und Rotweinen und noch immer im Besitz des Malteser-Ritterordens (Via Rocca Bernarda 27; Tel. 04 32 71 62 73; Mo–Sa vormittags geöffnet). Weiter auf der Straße in Richtung Cormòns kommen wir nach **Corno di Rosazzo** – hier steht die alte **Abtei** von Rosazzo, ursprünglich aus dem 11. Jahrhundert. Die Kirche und der Kreuzgang stammen aus dem 16. Jahrhundert. Die Abtei ist umrahmt von Weinbergen und besitzt ebenfalls ein Weingut (Piazza Abbazia 15; Tel. 04 32 75 94 29; Besuch nach Vereinbarung).

Weinkenner schätzen die Qualität und den Geschmack der friulanischen Weine, die in edlen Holzfässern heranreifen.

Im wahrsten Sinne des Wortes ausgezeichnete Weine stammen aus dem Collio, der Colli Orientali und dem Isonzo.

Cormòns ist der Hauptort des Weinbaus im Friaul. Hier treffen die drei DOC-Zonen Collio, Colli Orientali und Isonzo aufeinander, rundherum sind einige der wichtigsten Winzerbetriebe des Friaul zu finden. Weine aus der Region – und darüber hinaus – kann man in der **Enoteca di Cormòns** verkosten (Piazza XXIV Maggio 21; Mi–Mo 10–13 und 16.30–21 Uhr). Ein paar Kilometer weiter südlich liegt die Genossenschaftskellerei **Cantina Produttori Cormòns** (→ S. 50). Sie hat den Vino della Pace erfunden, den Friedenswein, dessen Etikett jedes Jahr von Künstlern gestaltet wird und dessen Trauben von einem Weinberg kommen, in dem 450 Rebsorten aus aller Welt vertreten sind. Auch geschichtlich hat Cormòns einiges zu bieten: Im 7. und 8. Jahrhundert hatten die Patriarchen von Aquileia hier ihre Residenz. Sehenswert sind der **Duomo San Adalberto** als Kern der ehemaligen **Centa** – des ursprünglichen Dorfes, das die Kirche umgab – und dahinter der **Monte Quarin**, der Hausberg von Cormòns mit seiner Wallfahrtskirche **Beata Vergine del Soccorso** (um 1600) und den Resten der alten Festung. Für eine Erfrischungspause ist das Lokal **Al Cacciatore alle Subida** zu empfehlen (Loc. Monte 22; Tel. 0 48 16 05 31, Di, Mi geschl., Mo, Do und Fr nur abends geöffnet ★★ AmEx DINERS EURO VISA).

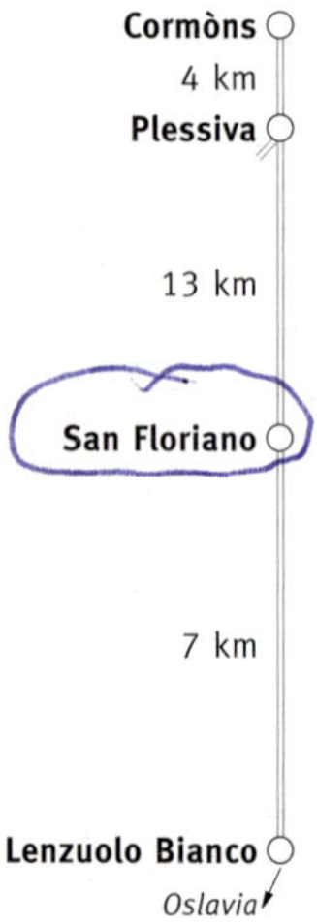

Von **Cormòns** fahren wir auf der Staatsstraße in Richtung Nordosten nach **Plessiva**, zur Staatsgrenze. Nach zweieinhalb Kilometern biegen wir rechts ab in Richtung **San Floriano**. Wir durchqueren das Gebiet des Preval, wo man vor einigen Jahrzehnten lineare Straßen und Kanäle gebaut hat, die im Kontrast stehen zu den weinbestandenen Hügeln und runden Formen des Collio. Weiter geht die Fahrt nach **San Floriano**, hier ist das **Castello Formentini** aus der Zeit um 1500 sehenswert. Im Schloss ist ein Hotel und das **Museo del Vino** untergebracht, wo man einiges über die lange Tradition der Region im Weinbau erfährt. Bei San Floriano liegt auch ein kleiner 9-Loch-Golfplatz, der durch seine engen Bahnen und die hügelige Lage von den Spielern geschätzt wird. Bei **Lenzuolo Bianco** führt eine kleine Straße zum **Monte Sabotino**, einem Aussichtsberg, von dem man auf Gorizia blicken kann. Quer durch die Region führte die Front des Ersten Weltkriegs. An die Gefallenen der Schlachten erinnert ein großes turmartiges **Kriegerdenkmal** in **Oslavia**. Auf dem Friedhof liegen 57 000 Soldaten begraben.

Gerade mal ein paar hundert Meter entfernt verläuft die Grenze zum slowenischen Teil des Collio, mitten durch die Landschaft. Viele der Spitzenwinzer auf dieser Seite der Grenze haben ebenfalls slowenische Wurzeln – Josko Gravner zum Beispiel, Marko Primosic oder Stanko Radikon. Über eine kurvige Straße führt der Weg von Oslavia hinunter nach **Gorizia**, der Hauptstadt der Provinz. Hier in den Gassen ist ebenfalls die slowenische, aber auch noch die alte österreichische Kultur lebendig.

Lenzuolo Bianco
4 km
Oslavia
4 km
Gorizia

Dauer: Tagesausflug; **Länge:** ca. 45 km;
Karte: → S. 120/121

Cormòns ist Hauptort der Weinregion. In den hiesigen Enotece kann man Weine der bedeutendsten Kellereien und Weingüter des Friaul kosten und kaufen (→ S. 50).

Entlang des Tagliamento

Lignano
8 km
Parco Hemingway
Parco Zoo
Pertegada
Chiesa Santa Maria della Neve
10 km
Precenicco
7 km
Latisana
16 km
Lignano

Lignano mit seinem sieben Kilometer langen goldenen Strand verlockt natürlich dazu, sich die Sonne auf den Bauch scheinen zu lassen. Möchte man aber doch einmal etwas für die Fitness tun und sich die Umgebung anschauen, sollte man eine Radtour unternehmen. Auch ungeübte Radfahrer stellt das vor keine großen Schwierigkeiten. Informationen über Radverleihe erhält man beim **APT** (Via Latisana 42, Tel. 0 43 17 18 21).

Vom **Parco Hemingway** in Lignano fahren wir über den Corso degli Alisei, den Corso dei Monsoni und den Corso dei Continenti über die Viale Tagliamento di Lignano. Durch die Pineta kommen wir zum **Parco Zoo,** dem Tierpark von Lignano.

Unsere Fahrt führt uns weiter am Ufer des **Tagliamento** entlang, durch die flache, fruchtbare Landschaft bis nach **Pertegada.** Kurz vor dem Dorf, schon von der Zypressenallee aus sichtbar, steht die **Chiesa Santa Maria della Neve** aus dem 13. und 14. Jahrhundert. Wir fahren nun nach Osten, in Richtung Titiano und entlang des Flusses Stella, der in die **Laguna di Marano** mündet. In **Precenicco** sollte man die **Casa del Marinaretto** besuchen, 1933 errichtet, um Jugendliche in die Seefahrt einzuführen (wird aber zur Zeit renoviert).

Weiter geht's über die Hauptstraße nach **Latisana,** dem Ziel unserer Reise. Von hier können wir mit dem Bus (das Fahrrad kann im Gepäckraum verstaut werden) vom Busbahnhof aus nach Lignano zurückfahren oder auch – über eine direkte Route entlang des Tagliamento – zurückstrampeln. Kurz vor dem Etappenende in Lignano kann man im familiären Restaurant **Cà Tagliamento** einkehren (Lignano Riviera; Via Casabianca 1; Tel. 04 31 42 80 69; im Winter Mo, Di geschl., im Sommer kein Ruhetag ★★ AmEx DINERS EURO VISA).

Dauer: Tagesausflug; **Länge:** 30 km; **Karte:** → S. 119

Rund um den Raibler See (Lago del Predil)

Diese Wanderung führt uns in die Bergwelt des **Tarvisiano** – im Norden des Friaul. Der Raibler See ist ungefähr 1,5 Kilometer von der Ortschaft **Cave del Predil** und rund zehn Kilometer von **Tarvisio** entfernt. Er liegt 959 Meter über dem Meeresniveau, hat eine Länge von 1,3 Kilometern, eine Breite von 500 Metern und eine Tiefe von bis zu 30 Metern. Entstanden ist der See nach der letzten großen Eiszeit, heute bildet der Rio Lago den Hauptzufluss. Das Gebirge rundherum ist mit Tunneln durchhöhlt, die eine Gesamtlänge von 150 Kilometern aufweisen.

Die Wurzeln der Ortschaft Cave del Predil gehen auf den Blei- und Zinksulfit-Bergbau zurück, der vom 11. Jahrhundert bis ins Jahr 1991 hier betrieben wurde.

Von **Cave del Predil** geht man in Richtung **Sella Nevea**. Hinter der Via Cividale beginnt der Rundgang, der über den CAI-Weg 656 zu einer Kehre führt. Links gehen wir über die Skipiste von Cave del Predil und durch einen Wald. Im Unterholz sieht man Reste von Militäranlagen aus dem Ersten Weltkrieg. Nachdem wir die Landstraße überquert haben, führt der Weg den See entlang. Auf einer Landzunge am Seeufer kann man ausruhen und den Ausblick auf die umliegende Bergwelt – vor allem den **Raibler Fünfspitz** (1909 Meter) – genießen. Im Sommer ist dies ein beliebter Badeplatz für jene Unerschrockenen, denen das Gebirgswasser nicht zu kalt ist. Inmitten des Sees liegt eine kleine Insel, mit Fichten bewachsen.

Die kleine Insel ist der Legende nach der Überrest eines versunkenen Dorfes. Zur Strafe für die Kaltherzigkeit der Bewohner wurde es überflutet – bis auf ein einziges gastfreundliches Haus.

Nach der Rast weiter den Weg entlang, kommt man in 1100 Metern Höhe schließlich zur Bundesstraße, die auf den **Predil Pass** führt. Über diese asphaltierte Straße geht man wieder bergab. Bei der ersten Kehre (1055 Meter) zweigt man auf den Wanderweg ab, der zurück nach **Cave del Predil** führt. Kurz vor den ersten Häusern kommt man an einem Wasserfall vorbei, der im Winter von Eiskletterern benutzt wird.

Dauer: 3 Stunden; **Länge:** ca. 6 km; **Karte:** → ■ D 6, S. 117

Rund um Sauris

Das Tal von **Sauris** (oder Zahre, wie es auf Deutsch heißt) ist eines der ursprünglichsten des Friaul. Am besten lernt man es bei einer Wanderung von **Sauris di Sotto** nach **Sauris di Sopra** und auf den **Monte Ruke** kennen.

In der Kapelle Maina di Gostach steht eine hölzerne Madonnenstatue, Madonna del Pane genannt, da sie ein kleines Brot (Fruchtbarkeitssymbol) in der Hand hält.

Wir starten unsere Tour bei der Kirche **Sant' Osvaldo** in **Sauris di Sotto**. In dem Gotteshaus ist der kunstvolle, mit Gold verzierte Flügelaltar von Michael Parth und Nikolaus von Bruneck (1524) sehenswert, ein Beispiel des deutschen spätgotischen Stils: Er zeigt den Heiligen Oswald, umgeben von Petrus und Paulus. Von der Kirche gehen wir über die kleine Straße vorbei am Gasthof **Morgenleit**. Hier sieht man auf einem großen Steingebäude die Reste eines Freskos der Madonna mit Kind, umgeben von zwei Heiligen. Über die asphaltierte Straße geht man nun ein Stück hinauf in Richtung Provinzstraße. Nach 50 Metern biegt man nach rechts und kommt zu einer Gruppe von Häusern mit der Kapelle **Maina di Gostach** aus dem 18. Jahrhundert.

Die Kirche von San Lorenzo (1328 erstmals erwähnt) beherbergt einen kunstvollen Flügelaltar von Michael Parth (1551), der das letzte Abendmahl darstellt.

Durch einen Wald marschieren wir weiter bis zu den Ställen von Hinter's Eike und vorbei am Sportzentrum bis zum Weiler Velt. Hier, am großen Kruzifix, macht im Frühjahr die Fronleichnamsprozession Station. Links von der Straße führt ein Weg wieder über Wiesen und durch Wälder und kreuzt mehrmals die Provinzialstraße zur Kirche von **San Lorenzo**. Vorbei an der Kapelle **Maina del Bambin Gesù** nimmt man die Straße nach links, bis man zu einem Schild kommt, das den Weg zum **Monte Ruke** anzeigt. Über eine Straße geht es weiter durch den Wald bis zum **Agriturismo Monte Ruke**. Kurz davor steht die **Maina di Ruke**, eine Kapelle, von deren Vorplatz man einen herrlichen Blick über das Tal und den See von Sauris hat.

Dauer: ca. 2 Stunden; **Länge:** ca. 4 km;
Karte: → ■ D 2, S. 115

Im Val Rosandra

Die kleine Gemeinde **Bagnoli della Rosandra,** südöstlich von Triest gelegen, ist der Ausgangspunkt für eine Wanderung in das **Rosandra-Tal**. Es ist ein Abschnitt des Karstes, hat aber trotz geringer Meereshöhe einen alpinen Charakter.

Manche der vielen Höhlen des Tals waren in prähistorischer Zeit bewohnt.

Vom Dörfchen **Bagnoli** steigt man entlang der asphaltierten Straße bergauf, bis man zu einer Abzweigung kommt, wo der Weg ins Rosandra-Tal beginnt. Für Radfahrer sei der Weg ab San Antonio bis Draga empfohlen. Kurz vorher findet man das **Rifugio Premuda**, den Sitz der Alpinistenschule Emilio Comici – auf gerade mal 80 Meter Meereshöhe. Benannt ist sie nach dem großen Triestiner Bergsteiger, der in den norditalienischen Alpen viele Erstbesteigungen durchführte.

Die Felswände im Val Rosandra sind ein beliebtes Klettergebiet. Aber auch Wanderfreunde kommen in diesem schönen Tal auf ihre Kosten.

Die Ufer des **Rosandra**, des Flusses, der dem Tal den Namen gab, sind bestanden von Schwarzkiefern, Buchen und Eschen, Ahorn- und Eichenwäldern. Bei **Botazzo**, inmitten des Tales, bildet der Fluss einen kleinen Wasserfall. Auch die Überreste eines 17 Kilometer langen römischen Aquäduktes aus dem 1. Jahrhundert sind hier zu sehen. Es versorgte einst die Stadt Triest mit Wasser. Vom Dörfchen Botazzo kann man über den Wanderweg Nummer 17 weiter nach Draga gehen. Über den Pfad Nummer 48 kommt man noch auf den Monte Stena, einen der karstigen Berge, von dem man einen herrlichen Ausblick über die Karsthochebene und das Meer vor Triest hat. Von hier gehen wir wieder hinunter nach Botazzo oder über die Wege 49 und 1, und dann kann man sogar weiter bis zum Obelisken von **Opicina** wandern, von wo aus man mit der Straßenbahn zurück nach **Triest** fahren kann (Haltestelle Opicina).

Dauer: Halbtagesausflug; **Länge:** ca. 7 km;
Karte: → ■ E 16, S. 121

Nützliche, praktische und wichtige Tipps sowie hilfreiche Informationen rund um Ihren Urlaub im Friaul: von Anreise bis Zoll, mit Nebenkosten- und Klimatabelle.

Eines der formvollendetsten Gebäude Udines säumt die Piazza Libertà: die venezianisch geprägte Loggia del Lionello (→ S. 54).

Das Friaul von A–Z

Anreise

Mit dem Auto

Von Deutschland aus ist das Friaul problemlos und relativ schnell zu erreichen – meist in einem, aus Norddeutschland in zwei Tagen. Die günstigste Route führt über Österreich, die Tauernautobahn (Mautpflicht, gestaffelt nach Gültigkeitsdauer) und Kärnten nach Tarvisio. Eine westlichere Route führt über die Brennerautobahn und Verona. Idealerweise ist natürlich immer die Autobahn, wobei aber einige hübsche Strecken auch über die Pässe führen – zum Beispiel die Route über Kufstein, den Felbertauern und den Plöckenpass bis Timau (der Plöckenpass ist allerdings im Winter oft gesperrt). Die Autobahn ist in Italien **mautpflichtig**, die Route über Tarvisio kostet allerdings bis Triest gerade mal 10 € (einfach), vom Brenner bis Triest sind es rund 30 € (einfach). Mit der **VIACARD**, die man bei den Automobilclubs in Deutschland, Österreich und der Schweiz erhält, wird die Summe abgebucht, sie bietet ansonsten keine Preisvorteile.

Die Höchstgeschwindigkeit beträgt in Ortschaften 50 km/h, auf italienischen Landstraßen 90 km/h und auf Autobahnen zwischen 110 und 130 km/h. In Italien besteht Anschnallpflicht, die Promillegrenze beträgt 0,8 Promille. Noch ein Hinweis: Vergessen Sie nicht einen Aufkleber mit der Staatsangehörigkeit hinten am Auto anzubringen: fehlt das D, A oder CH bei einer Verkehrskontrolle, muss man Strafe zahlen.

Mit dem Zug

In Italien ist Bahnfahren günstig. Die Bahn bietet demnach eine gute Alternative zu Auto und Flugzeug. Die Bahnhöfe von Udine bzw. Triest erreicht man über München und die Brennerbahnstrecke bzw. Verona oder über Salzburg und Graz in rund eineinhalb Tagen (von Norddeutschland aus) – ein Liege- bzw. Schlafwagen sei daher empfohlen. Die Fahrt kostet von München aus rund 100 €. Im Friaul kommt man mit der Bahn sehr gut in die einzelnen Landesteile, lediglich die karnischen Täler haben keine Bahn-, sondern nur Busverbindungen (**Bahninformation**: Tel. 0 40 41 82 07).

Mit dem Flugzeug

Das ist natürlich die schnellste Möglichkeit, um ins Friaul zu gelangen. Direktflüge zum Flughafen Ronchi dei Legionari gibt es allerdings nur ab München, von anderen Flugplätzen kommt man nur via Umsteigen in München oder einem italienischen Flughafen ins Friaul.

Flughafen **Ronchi dei Legionari**, Via Aquileia, Tel. 04 81 77 32 24 und 04 81 77 32 25, Flugtickets: Tel. 04 81 77 32 32. Das **Stadt-Airterminal** von Triest ist an der Piazza della Libertà (in den Silos) zu finden. Vom Westen aus (Provinz Pordenone) ist der Flughafen von Venedig, **Marco Polo**, in knapp 40 Minuten zu erreichen.

Auskunft

Die Außenstellen des Staatlichen Italienischen Fremdenverkehrsamtes **ENIT** haben generelle Informationen über das Friaul, will man spezifischere Angebote, wendet man sich am besten an die lokalen Fremdenverkehrsämter.

ENIT in Deutschland

- Karl-Liebknecht-Str. 34, 10178 Berlin; Tel. 0 30/2 47 83 98, Fax 2 47 83 99; E-Mail: enit-berlin@t-online.de
- Kaiserstr. 65, 60329 Frankfurt/Main; Tel. 0 69/23 74 34, Fax 23 28 94; E-Mail: enit-ffm@t-online.de
- Goethestr. 20, 80336 München; Tel. 0 89/53 13 17, Fax 53 45 27; E-Mail: enit-muenchen@t-online.de

Für Prospektbestellungen gilt für ganz Deutschland die gebührenpflichtige Servicenummer 01 90/70 64 40

ENIT in Österreich
Kärntner Ring 4, 1010 Wien;
Tel. 01/5 05 16 39, Fax 5 05 02 48;
E-Mail: enit-wien@aon.at

ENIT in der Schweiz
Uraniastr. 32, 8001 Zürich;
Tel. 01/2 11 36 33, Fax 2 11 38 85;
E-Mail: enit@bluewin.ch

Weitere Adressen finden Sie bei den einzelnen Orten im Kapitel »Sehenswerte Orte«.

Einkaufen

Die Preise in Italien unterscheiden sich bei vielen Konsumartikeln nicht mehr sehr von denen in Deutschland, Österreich und der Schweiz. Man hat vielleicht nur unter anderem bei **Textilien** eine größere Auswahl an modischen Läden italienischer Stardesigner, die man vor allem in den größeren Städten wie Triest und Udine findet. Die klassischen Friulaner **Handwerksprodukte**, Stickereien, **scarpèts**, die lokalen Stoffpantoffeln, oder Holzschnitzereien sind wohl eher nur etwas für Freunde der Volkskultur. **Wichtig:** Es kann passieren, dass Sie in eine Kontrolle der **guardia finanza**, der Finanzpolizei, geraten: Behalten Sie daher den **scontrino**, den Kassenzettel, oder die **ricevuta**, die Quittung, nach Verlassen eines Geschäfts, einer Bar oder eines Restaurants unbedingt auf – sie muss auf Verlangen vorgezeigt werden. Wer keine Quittung hat, kann empfindlich bestraft werden.

Wie in ganz Italien zählen auch im Friaul die kulinarischen Spezialitäten zu den beliebtesten Mitbringseln: **Wein** ist natürlich das friulanische Hauptprodukt, das man meist direkt beim Winzer kaufen kann – in den Gebieten des Collio, der Colli Orientali, des Isonzo oder auch des Carso wurden spezielle Weinrouten zusammengestellt, wobei man verschiedene Winzer besuchen und ihre Produkte verkosten kann. Dabei geht es aber vor allem ums Flair und um den persönlichen Kontakt zum Winzer – die Preise sind oft die gleichen wie in einer Vinothek. Vinotheken haben auch den Vorteil, dass man Weine unterschiedlicher Produzenten verkosten und damit auch einen besseren Überblick bekommen kann. Auch **Grappa** wird gerne gekauft. Fast alle Trientiner Destillateure verkaufen inzwischen direkt ab Destillerie. Am bekanntesten sind der Grappa und der Obstbrand von Nonino.

Schinken kann man in San Daniele und Sauris direkt bei den Produzenten kaufen, aber auch viele Geschäfte in ganz Friaul haben eine große Auswahl an verschiedenen Produkten. **Montasio-Käse** erhält man direkt bei den Produzenten, meist lokalen Genossenschaften im Kanaltal. Es gibt natürlich auch **Olivenöl** aus dem Friaul, und in den Berggebieten werden – oft sogar auf den **malghe**, den Almen, direkt – selbst produzierter Bienenhonig, Marmelade oder Käse angeboten.

Märkte sind in Italien noch immer ein wichtiger Faktor, um Lebensmittel oder Blumen zu kaufen und sich neu einzukleiden. In jedem Ort findet daher auch ein mehr oder weniger großer Wochenmarkt (**mercato settimanale**) statt. Man kann dabei von Stand zu Stand streifen, Wurst, Käse oder Fisch begutachten, Textilien und Schuhe probieren oder einfach nur die Atmosphäre genießen. Am geruhsamsten ist der Markt zeitig am Morgen, wenn die Stände gerade aufgebaut werden. Auf italienischen Märkten ist es normalerweise nicht üblich zu handeln, die angezeigten Preise sind Fixpreise, Ausnahmen bei Lederartikeln etc. bestätigen aber die

Regel. Tägliche Märkte finden in den größeren Städten – zum Beispiel Triest oder Udine – statt. Bekannt sind auch die Antiquitätenmärkte von Udine (auf der Piazza Matteotti) und in Triest (Ende Oktober in der Stazione Marittima). Sehenswert ist auch der Triestiner Fischmarkt (tgl. am Hafen).

Feiertage

1. Jan.	Neujahr
6. Jan.	Heilige Drei Könige
Ostern	
25. April	Tag der Befreiung vom Faschismus
1. Mai	Tag der Arbeit
15. Aug.	Mariä Himmelfahrt
1. Nov.	Allerheiligen
3. Nov.	San Giusto – Stadtpatron von Triest
8. Dez.	Mariä Empfängnis
25. Dez.	Weihnachten
26. Dez.	Hl. Stephan

Feste und Festspiele

Januar
Messa dello Spadone
In Cividale wird zum Fest der Heiligen Drei Könige eine Messe des Schwertes zelebriert, gefolgt von einem anschließenden Kostümumzug, der auch den Beginn des Karnevals einleitet.
6. Januar

Februar
Carnevale
Der farbenprächtige Maskenumzug in Sauris stellt den volkstümlichen Höhepunkt und das Ende des Karnevals in Carnia dar.

Carnevale Muggesano
Eine ganze Woche vor Aschermittwoch erinnert man in Muggia an dessen venezianische Vergangenheit und feiert Karneval wie die Serenissima.

März
Invito di Primavera
Mittelalterliches Fest im Borgo Castello von Gorizia – mit Umzügen, Duellen und mittelalterlicher Küche.

Mai
La Bavisela
Renommierter Triestiner Marathon zwischen den Schlössern von Duino und Miramare (42,195 km). Für Anfänger gibt's einen kürzeren – 9 km langen – Kurs.

Majenca
In San Dorligo della Valle im Karst wird drei Tage unter dem **albero della cuccagna** – eine Art Maibaum – getanzt. Dazu gibt's eine Ausstellung regionaler Maler.

Juni
Nations Cup
Regatta im Hafen von Triest, bei der unter anderem die Yachten des Yacht Clubs Triest gegen die Teilnehmer des America Cup antreten.

Juli
No Borders
»Über die Grenzen« Italiens hinaus bekanntes Jazzfestival in Tarvisio Rievocazione.

Storica
In Palmanova feiert man am zweiten Sonntag im Juli das Fest des Hl. Redentore, des Patrons der Festung. Zu diesem Datum wurde 1602 die Herrschaft der Republik über die Stadt verkündet. Heute wird diese Zeit mit Umzügen von venezianischen Paaren und Tänzen wiedererweckt.

August
Festa dei Popoli della Mitteleuropa
Folkloristisches Fest mit Teilnehmern aus den mitteleuropäischen Ländern mit Musik und Trachtengruppen in Cormòns.

Nozze Carsiche
Die Karsische Hochzeit findet alle zwei Jahre (die nächste 2003) am letzten Sonntag im August in der Wallfahrtskirche im kleinen Tabor von Monrupino statt, der schon eine Volksfestwoche in Rupingrande vorausgeht. Bis spät in die Nacht wird nach der volkstümlichen Massenhochzeit im nahen Zolla in der karsischen Tracht gefeiert und getanzt.

Palio di San Donato
In Cividale feiert man das Fest des Hl. Donato mit einem Turnier, das seine Ursprünge im 13. Jh. hat.

Rievocazione Storica della Macia
Mitte August steht Spilimbergo während des Volksfestes ganz im Zeichen des Mittelalters.

Sagra dei Osei
Vogelmarkt und -ausstellung in Sacile mit einem Gesangswettbewerb für Singvögel. Die Stadt ist die ganze Nacht belebt – und in Erwartung eines einzigartigen Vogelkonzertes zur Morgendämmerung.
Sonntag nach 15. August

Oktober
Mostra Mercato dell'Antiquariato
Antiquitätenmesse in der Kongresshalle der Stazione Marittima im Triestiner Hafen.

La Barcolana
Seit mehr als 30 Jahren eine der wichtigsten Segelregatten Italiens: Mehr als 2000 Boote nehmen daran teil und starten im Stadtteil Barcola für das mehrtägige Spektakel, bei dem das Meer vor dem Schloss von Miramare voller weißer Segel ist.

Dezember
Festa di San Nicolo e dei Krampus
Traditioneller Umzug vom Hl. Nikolaus und Krampus in Tarvisio.
6. Dezember

Geld

Seit 1. Januar 2002 sind die Euro-Banknoten und -Münzen im Umlauf. Nun kommen Sie also um die lästigen Wechselmodalitäten herum. Die italienische Lira verlor zum 1. März 2002 ihre Gültigkeit als gesetzliches Zahlungsmittel. Der Wechselkurs für die Schweizer Franken lautet: 1 € = (Stand: Februar 2002) 1,48 sFr.
Mit Kreditkarten – am gängigsten sind Visa und Mastercard – kann man in fast allen Restaurants und Hotels und natürlich auch in vielen Geschäften bezahlen. Bankomaten gibt es in beinahe jedem Ort.

Internet

www.enit.it
Homepage des Staatlichen Italienischen Fremdenverkehrsamtes.
www.madeinfriuli.com
Interessantes über Feste, Traditionen, die Kultur und Gastronomie etc.
www.regione.fvg.it
Allgemeine Informationen zum Friaul sowie ein Unterkunftsverzeichnis.

Nebenkosten in Euro

1 Tasse Kaffee	0,60–0,80
1 Bier	2,00
1 Cola	1,50
1 Brot (0,5 kg)	1,25
1 Schachtel Zigaretten	2,60
1 Liter Benzin	1,30
Fahrt mit öffentl. Verkehrsmitteln (Einzelfahrt)	0,80
Mietwagen/Tag	ab 50,00

Medizinische Versorgung

Sie entspricht dem allgemeinen europäischen Niveau. Den mitgebrachten Auslandskrankenschein (Vordruck E 111) muss man beim örtlichen Gesundheitsdienst (**USL**) in einen in Italien gültigen Krankenschein umtauschen, erst dann kann man einen Arzt besuchen. Einfacher ist es, wenn man den Arztbesuch bar bezahlt und die Rechnung dann bei der heimischen Krankenkasse einreicht. Einen eventuellen Differenzbetrag trägt eine private Krankenversicherung. Fast alle italienischen Krankenhäuser verfügen über eine Notaufnahme (**pronto soccorso**), die auch Touristen üblicherweise gratis zur Verfügung steht.

Apotheken (**farmacie**) gibt es in jedem größeren Ort. Sie sind an Werktagen von 8–13 und 16–19 Uhr geöffnet. Außerhalb dieser Zeiten informiert ein Aushang, welche Apotheke gerade Nacht- oder Feiertagsdienst hat.

Notruf

Medizinischer Notruf Tel. 1 13
Carabinieri Tel. 1 12
Feuerwehr Tel. 1 15
Pannenhilfe Tel. 1 16
Der **ACI** – der italienische Automobilclub – hat ein Abkommen mit den deutschen Automobilclubs ADAC und ÖAMTC bzw. ARBÖ in Österreich.

Öffnungszeiten

Kirchen sind in der Regel von 9–11 und oftmals auch von 15–17 Uhr zu besichtigen.

Geschäfte sind werktags üblicherweise von 9–13 Uhr und von 16–19.30 Uhr geöffnet – der Samstag gilt als normaler Werktag. In den Touristenorten sind Geschäfte und auch einige Supermärkte sogar am Sonntag geöffnet. **Banken** sind in der Regel werktags von 8–13 Uhr geöffnet, manche auch nachmittags von 15–16 Uhr. Die Schalterstunden von **Postämtern** dauern üblicherweise werktags von 8.10–13.20 Uhr, in den größeren Städten häufig auch Mo–Fr bis 18 Uhr.

Post

Briefmarken (**francobolli**) erhält man auf den Postämtern und in Tabakläden (**tabacchi**). Briefe und Postkarten nach Deutschland, Österreich und in die Schweiz kosten 0,41 €. Eine Briefmarke zum Preis von 0,62 € ist für die Eilpost (**posta prioritaria**) nötig und ermöglicht die Zusendung in ein bis zwei Tagen.

Reisewetter

Das Klima ist mild und vom Mittelmeer geprägt: Sogar die Alpenregionen haben trotz der Höhe und des Schnees im Winter ein milderes Klima als ihre Nachbarn im Norden. Eine Besonderheit ist der **Bora**, der mediterrane Fallwind, der gerade in den Küstenregionen oft zu Sturmstärke anschwellen kann. Der Frühling ist die ideale Reisezeit, um Land und Kultur zu entdecken: Während in den Bergen noch der Schnee liegt, blühen in der **Bassa Friulana** oder an der Küste schon die Blumen. Der Sommer ist die Hauptreisezeit in ganz Italien: Gerade Badeorte wie Lignano oder Grado sind im Juli, aber vor allem zu **feragosto** – den italienischen Staatsferien, während denen in den Städten außerhalb der Touristengebiete viele Geschäfte und Behörden nur bedingt geöffnet haben – ausgebucht. Im Herbst ziehen die Hügel der Provinz Gorizia die Weinbegeisterten und so genannten »Genussurlauber« an – vielfach natürlich Österreicher, die von Kärnten oder der Steiermark aus in knapp einer Stunde hier sind. Der Herbst lockt auch die Wanderer in die Naturreservate und auf die Berge. Selbst am Meer kann man noch baden – bei Temperaturen von über 20 Grad. Der Winter schließlich bedeutet für die Skibegeisterten in Piancavallo, Forni di Sopra oder Tarvisio kilometerlange – meist auch künstlich beschneite – Pisten, während Kulturreisende in Triest oder rund um Udine auf ihre Kosten kommen.

Telefon

Öffentliche Telefonzellen gibt es bei den Postämtern und an wichtigen Plätzen in Dörfern und Städten sowie in Hotels und Bars. Viele davon sind allerdings inzwischen nur mehr mit Wertkarten in Betrieb zu nehmen. Telefonkarten (**scheda telefonica**) kann man in Postämtern, Tabakgeschäften und Bars kaufen. Mit ausländischen Mobiltelefonen kann man in Italien ohne Probleme telefonieren. Die wichtigsten Netze sind TIM, Omnitel und WIND.

Achtung: Die Ortsvorwahl ist nunmehr fester Teil der Nummer und muss auch im eigenen Ortsbereich mitgewählt werden. Ebenso auch die Null des Ortscodes bei Anrufen aus dem Ausland nach der Vorwahl.

Vorwahlen

I → D 00 49
I → A 00 43
I → CH 00 41
D, CH → I 00 39
A → I 00 40

Tiere

Für die Mitnahme von Hunden und Katzen bei der Einreise benötigt man – das wird aber selten kontrolliert – den tierärztlichen Impfpass. Die Tollwutimpfung darf nicht länger als ein Jahr zurückliegen. Hundeverbot herrscht generell an allen Badestränden Italiens – außerhalb der Saison wird das jedoch nicht so eng gese-

Die genauen Klimadaten von Triest

	Januar	Februar	März	April	Mai	Juni	Juli	August	September	Oktober	November	Dezember
Durchschnittl. Temp. in °C – Tag	6,7	7,9	11,7	16,7	21,4	25,3	27,7	26,9	23,5	18,3	12,8	9,0
Durchschnittl. Temp. in °C – Nacht	2,6	3,2	6,1	10,3	14,3	17,7	19,7	19,3	16,7	12,9	8,4	5,1
Sonnenstunden pro Tag	3	4	5	6	8	8	10	9	7	6	3	3
Regentage	7	7	7	8	8	9	7	7	7	8	9	9
Wassertemp. in °C	10	9	9	13	17	21	23	24	22	18	14	11

hen. Zwar sind Hunde in vielen Unterkünften erlaubt, man sollte sich jedoch vorher danach erkundigen.

In folgenden Hotels ist das Mitbringen von zumindest kleinen Hunden erlaubt:

Arta Terme: Park Oasi .... S. 80
Gorizia: Alla Transalpina .... S. 46
Lignano Sabbiadoro: Atlantic .... S. 44
San Vito al Tagliamento:
Patriarca .... S. 70
Sauris: Riglarhaus .... S. 82
Triest: Greif Maria Theresia ...... S. 24
Udine: La'di Moret .... S. 52

Trinkgeld

Üblicherweise geben Italiener kein Trinkgeld, und auch in Restaurants, wo Einheimische verkehren, ist es nicht üblich. Es wird aber gerade im Friaul in Hotels oder Restaurants gern gesehen, wenn man zumindest das Wechselgeld (**mancia**) liegen lässt. Auch Hotelangestellte und Taxifahrer wissen eine kleine Anerkennung zu schätzen.

Verkehrsverbindungen

Mit dem Auto

Das idealste Verkehrsmittel für das Friaul ist natürlich das eigene Auto, vor allem wenn man Ausflüge in verschiedenste Teile der Region plant. Die Straßen sind durchwegs gut ausgebaut – einige wenige Bergstraßen sind allerdings nur einspurig, und es ist nicht schlecht, wenn man sich dem Brauch anschließt, vor unübersichtlichen Kurven kurz zu hupen. Im Winter muss man vor allem in den Gebirgsregionen, aber auch im Hügelland mit Schnee und teilweise auch rutschigen Fahrbahnen rechnen. Passstraßen können dann wegen Lawinengefahr gesperrt sein. Winterbereifung ist auf jeden Fall erforderlich, auch die Mitnahme von Schneeketten sei angeraten. Im Herbst stellt oft dichter Nebel auf den Autobahnen eine Gefahr dar. Bleifreies Benzin (**senza piombo**) findet man an fast allen Tankstellen, ebenso Diesel (**gasolio**). Vorsicht: Tankstellen abseits der Autobahnen haben normalerweise von 13–16 Uhr und auch an Feiertagen geschlossen. Viele Tankstellen haben aber inzwischen schon Tankautomaten mit automatischen Zapfsäulen. Am Flughafen Ronchi dei Legionari, aber auch in den größeren Städten und den Tourismuszentren bieten **Leihwagenfirmen** ihre Dienste an. Für einen Kleinwagen muss man rund 50 € pro Tag veranschlagen. Die Vorlage einer gültigen Kreditkarte ersetzt eine Kaution. Am besten ist es gerade in der Hochsaison, ein Auto bereits von zu Hause aus zu reservieren.

Mit dem Fahrrad

Fahrrad fahren ist auf den meisten Straßen im Friaul problemlos möglich; man kann auch in den meisten Ferienorten Mountainbikes – selten Straßenräder – mieten.

Mit öffentlichen Verkehrsmitteln

Mit **Bahn** und **Bus** kommt man auch im Friaul überall hin – es dauert nur länger. Da aber Bahn- und Busfahren in Italien noch immer sehr günstig ist, stellt es eine gute Alternative zum eigenen Fahrzeug dar. In Carnia wurde GiraCarnia gegründet, ein lokales Busnetz, das auf Touristen und Urlauber abgestimmt ist und auch die entferntesten Dörfer miteinander verbindet. Infos: **APT della Carnia**, Piazza XX Settembre 9, Tolmezzo; Tel. 0 43 34 48 98.

Weitere Informationen über Zugverbindungen: **Hauptbahnhof Triest**, Piazza della Libertà 8, Tel. 0 40 41 82 07; Fahrkartenschalter: Tel. 0 40 41 86 12; Busse: **Busstation Triest**, Piazza della Libertà, Triest, Tel. 0 40 42 50 01.

Mit dem Schiff
Das Friaul besitzt eine Reihe eigener Yachthäfen, man erkundigt sich aber vor allem in der Hochsaison am besten vorher, ob in Grado, Lignano, Duino oder Triest ein Ankerplatz frei ist. Bootsfahrten für Touristen entlang der Küste sind möglich – es verkehren sogar regelmäßig Linienschiffe zwischen Triest und den anderen oberitalienischen oder kroatischen Städten.

Zeitungen

Die wichtigsten lokalen Zeitungen sind *Il Piccolo* aus Triest und *Messagero Veneto* aus Udine, aber auch die großen überregionalen Blätter haben meist einen Lokalteil. In vielen Kiosken – nicht nur in den großen Tourismusorten – sind auch internationale Tageszeitungen und Zeitschriften erhältlich.

Zoll

An den Binnengrenzen der Europäischen Union existieren keine mengenmäßigen Ein- und Ausfuhrbeschränkungen mehr. Tabak, Alkohol und andere Waren können problemlos ein- und ausgeführt werden, soweit sie für den Privatgebrauch bestimmt sind. Folgende Richtwerte wurden jedoch festgelegt, um gegenüber gewerblicher Nutzung eine Abgrenzung zu schaffen: 800 Zigaretten oder 200 Zigarren oder 1kg Tabak, 10 l Spirituosen oder 90 l Wein oder 110 l Bier. Für Nicht-EU-Mitglieder gilt: pro Person 50 ml Parfüm oder 250 ml Eau de Toilette, 1 L Spirituosen und 2 l Wein, 200 Zigaretten oder 100 Zigarillos oder 50 Zigarren oder 250 g Tabak. Die gleichen Angaben gelten übrigens auch für EU-Bürger, die über die Grenze fahren, um in Slowenien einzukaufen.

Entfernungen (in km) **zwischen wichtigen Orten des Friaul**

	Aquileia	Gorizia	Grado	Lignano	Pordenone	San Daniele	Tarvisio	Tolmezzo	Triest	Udine
Aquileia	–	32	12	53	75	63	133	84	45	38
Gorizia	32	–	44	83	84	70	132	89	55	38
Grado	12	44	–	65	87	75	145	96	52	50
Lignano	53	83	65	–	56	94	168	118	106	68
Pordenone	75	84	87	56	–	47	145	86	118	50
San Daniele	63	70	75	94	47	–	94	43	106	31
Tarvisio	133	132	145	168	145	94	–	64	174	99
Tolmezzo	84	89	96	118	86	43	64	–	123	50
Triest	45	55	52	106	118	106	174	123	–	79
Udine	38	38	50	68	50	31	99	50	79	–

Geschichte auf einen Blick

Steinzeit
Schon im Paläolithikum ist das Friaul bewohnt; Spuren der ersten Bewohner findet man im Karst und in Piancavallo.

4000 v. Chr.
Im Neolithikum sind auch die Ebenen entlang der Flussläufe von Völkern bewohnt, die bereits Viehzucht betreiben.

1300 v. Chr.
Die Friulaner leben in befestigten Dörfern auf Bergrücken, den so genannten »castelliere«.

5. Jh. v. Chr.
Im Südosten des Friaul leben die Karnier, ein keltischer Stamm.

183 v. Chr.
Die Römer gründen zum Schutz vor keltischen Stämmen aus dem Norden am Fluss Aquilis (dem späteren Natisone) die Stadt Aquileia.

115 v. Chr.
Die Karnier werden von den Römern besiegt.

ca. 50 v. Chr.
Die Römer haben Tergeste (Triest), Forum Julii (Cividale) und Forum Julium Carnicum (Zuglio) gegründet und praktisch die ganze Region und alle Handelswege unter ihrer Kontrolle. Aquileia ist das Zentrum der Provinz.

313 n. Chr.
Das Edikt von Mailand beendet den Bann des Christentums. Unter Bischof Teodoro wird Aquileia Bischofssitz, die erste Kirche wird errichtet.

476
Theoderich erobert mit seinen Ostgoten das Weströmische Reich.

6. Jh. n. Chr.
Der Herrschaftsbereich von Aquileia erstreckt sich von südlich der Donau bis zum Mincio im Westen und zum Plattensee im Osten.

535–553
Die byzantinischen Generäle Belisario und Narsete besiegen in den gotischen Kriegen die Ostgoten.

568
König Alboin erobert mit den Langobarden den größten Teil des Friaul. Hauptstadt eines Herzogtums wird Cividale. Die Byzantiner behalten die Küste unter ihrer Herrschaft, dazu gehört auch Grado, wohin die Patriarchen von Aquileia geflüchtet sind.

776
Das erste gegründete Herzogtum der Langobarden ist auch das letzte, das gegen Kaiser Karl den Großen und seine Franken unterliegt.

899–952
Die Ungarn fallen in Italien ein und verwüsten vor allem das Friaul.

1019
Poppo wird Patriarch und lässt die Basilika von Aquileia errichten.

1077
Patriarch Sigward wird von Kaiser Heinrich IV. die Herrschaft über das Friaul zuerkannt; der Patriarchenstaat ist die wichtigste politische Macht in Norditalien. Im Osten des Friaul etablieren sich die Grafen von Görz als Macht.

1382
Triest unterstellt sich dem Hause Habsburg.

1420
Die Republik Venedig erobert den größten Teil des Friaul. Nur die Grafschaft Görz bleibt eigenständig.

1500
Der letzte Görzer Graf Leonhard stirbt kinderlos und vererbt seine Besitztümer den Habsburgern. Das Friaul ist geteilt zwischen einem österreichischen Herrschaftsbereich mit Görz und Triest und einem venezianischen; Sitz des venezianischen Statthalters ist Udine.

1797
Im Vertrag von Campoformido wird das Ende der Republik Venedig von Napoleon und den Österreichern besiegelt – und in der Villa des letzten Dogen Ludovico Manin in Passariano unterzeichnet.

1815
Nach dem napoleonischen Zwischenspiel kommt das Friaul wieder zu Österreich – und wird geteilt in einen östlichen und einen westlichen Teil.

1866
Der größte Teil des Friaul – außer Tarvis, dem Südosten mit Cormòns, Gorizia und Triest, die bei Österreich bleiben – wird der Republik Italien zugesprochen.

1915–1917
Die Schlachten zwischen Österreichern und Italienern am Isonzo zählen zu den blutigsten des Ersten Weltkriegs.

1919
Nach dem Ende des Habsburgerreiches wird auch Triest, Gorizia und Tarvisio Italien zugesprochen.

1924
Die Provinz Friuli Venezia Giulia entsteht: Neben dem heutigen Friaul gehören zu ihr auch Istrien und Teile Sloweniens.

1943
Das Friaul wird von den Deutschen besetzt. Das einzige Konzentrationslager auf italienischem Boden befindet sich in einer ehemaligen Reisfabrik bei Triest.

1945
Italien wird von den Alliierten befreit.

1947
Die istrischen Provinzen und auch Teile von Triest und Gorizia kommen zu Jugoslawien.

1954
Triest und Muggia werden im Memorandum von London endgültig Italien zugesprochen.

1963
Friuli Venezia Giulia wird der Name der neuen autonomen Region mit Sonderstatut: Ihr gehören die Provinzen Trieste, Gorizia und Udine an, ab 1968 auch Pordenone.

1976
Am 6. Mai abends erschüttert ein Erdbeben das Friaul. Zahlreiche Dörfer – vor allem im Kanaltal – werden zerstört; mehr als 900 Menschen sterben.

1977
Der Vertrag von Osimo setzt die Grenzen zwischen Italien und Jugoslawien fest, die auch heute noch für den Nachbarn Slowenien gelten.

1986
Nach zehn Jahren ist der Wiederaufbau nach dem großen Erdbeben weitgehend abgeschlossen.

2001
Gorizia feiert sein 1000-jähriges Jubiläum.

2003
Friaul-Julisch Venetien wird Austragungsort der Winter-Universiade – der Winter-Olympiade der Studenten.

Wichtige Wörter und Ausdrücke

Ja	*si*
Nein	*no*
Bitte	*per favore, per piacere*
Und	*e*
Wie bitte?	*prego, come?*
Ich verstehe nicht	*non capisco*
Entschuldigung, entschuldigen Sie	*scusa, scusi*
Guten Morgen, guten Tag	*buon giorno*
Guten Abend	*buona sera* (sagt man in Italien schon nachmittags)
Gute Nacht	*buona notte*
Hallo	*ciao*
Ich heiße ...	*mi chiamo ...*
Ich komme aus ...	*(io) vengo da ...*
Wie geht's ?	*come va?*
Danke, gut	*bene, grazie*
Wer, was, welcher	*chi, (che)cosa, quale*
Wie viel	*quanto*
Wo ist?	*dov'è?*
Wann	*quando*
Wie lange	*per quanto tempo*
Sprechen Sie Deutsch?	*Lei parla tedesco?*
Auf Wiedersehen	*arrivederci*
heute	*oggi*
morgen	*domani*

Zahlen

null	*zero*
eins	*uno*
zwei	*due*
drei	*tre*
vier	*quattro*
fünf	*cinque*
sechs	*sei*
sieben	*sette*
acht	*otto*
neun	*nove*
zehn	*dieci*
hundert	*cento*
tausend	*mille*
zehntausend	*diecimila*
hunderttausend	*centomila*
1 Million	*un milione*

Wochentage

Montag	*lunedì*
Dienstag	*martedì*
Mittwoch	*mercoledì*
Donnerstag	*giovedì*
Freitag	*venerdì*
Samstag	*sabato*
Sonntag	*domenica*

Mit und ohne Auto unterwegs

Wie weit ist es nach ...?	*Quanto è distante ...?*
Wie kommt man nach ...?	*Come si arriva a ...?*
Wo ist ...	*Dov'è ...*
– die nächste Werkstatt?	*– l'officina più vicina?*
– der Bahnhof/ Busbahnhof?	*– la stazione/stazione del pullman (autobus)*
– die nächste Bus-Station?	*– la fermata del pullman (autobus) più vicina?*
– der Flughafen?	*– l'aeroporto?*
– die Touristeninformation?	*– l'ufficio turistico?*
– die nächste Bank?	*– la banca più vicina?*
– die nächste Tankstelle?	*– il distributore di benzina? (stazione di benzina, benzinaio)*
Wo finde ich	*Dove trovo*
– einen Arzt/	*– un medico*
– eine Apotheke?	*– una farmacia?*
Bitte voll tanken	*Per favore, il pieno di benzina*
Super	*benzina super*
Bleifrei	*senza piombo/ benzina verde*
Diesel	*diesel*
Mischung	*miscela per motocicli*
rechts	*destra*
links	*sinistra*
geradeaus	*diritto*

Ich möchte ein Auto/ein Fahrrad mieten	*Vorrei noleggiare un automobile/una bicicletta*
Wir hatten einen Unfall	*Abbiamo avuto un incidente*
Bitte eine Fahrkarte nach ...	*Per favore, un biglietto per ...*
Hin und zurück	*andata e ritorno*

Hotel

Ich suche ein Hotel	*Cerco un albergo*
Ich suche ein Zimmer für ... Personen	*Cerco una camera per ... persone*
Haben Sie noch ein Zimmer frei?	*Lei ha ancora una camera libera?*
– für eine Nacht	*– per una notte*
– für zwei Tage	*– per due giorni*
– für eine Woche	*– per una settimana*
Ich habe ein Zimmer reserviert	*Ho prenotato una camera*
Wie viel kostet das Zimmer?	*Quanto costa (la camera)?*
– mit Frühstück	*– con prima (piccola) colazione*
– mit Halbpension	*– con mezza pensione*
Kann ich das Zimmer sehen?	*Posso vedere la camera?*
Ich nehme das Zimmer	*Si, la prendo*
Kann ich mit Kreditkarte zahlen?	*Posso pagare con la carta di credito?*
Haben Sie noch Platz für ein Zelt/einen Wohnwagen?	*C'è ancora posto per una tenda/una roulotte?*
Bitte wecken Sie mich um ...	*Mi svegli alle ..., per favore*
Wo kann ich frühstücken?	*Dove viene servita la colazione?*
Bringen Sie mir bitte das Frühstück aufs Zimmer	*Mi porti la colazione in camera, per favore*

Restaurant

Die Speisekarte bitte	*La lista delle vivande (il menu), per favore*
Die Rechnung bitte	*Il conto, per favore*
Ich hätte gern einen Kaffee	*Vorrei un caffè*
Wo finde ich die Toiletten? (Damen/Herren)	*Dove trovo i gabinetti? (Signore/Signori)*
Kellner	*cameriere*
Frühstück	*prima (piccola) colazione*
Mittagessen	*colazione (pranzo)*
Abendessen	*cena*

Einkaufen

Wo gibt es ...?	*Dove è ...?*
Haben Sie ...?	*Lei ha ...?*
Wie viel kostet ...?	*Quanto costa ...?*
Das ist zu teuer	*Costa troppo*
Geben Sie mir bitte 100 g/ein Pfund/ein Kilo	*Per favore, mi dia un etto/mezzo chilo/un chilo*
Danke, das ist alles	*Grazie, è tutto*
Geöffnet/geschlossen	*aperto/chiuso*
Bäckerei	*fornaio, panetteria, panificio*
Kaufhaus	*grande magazzino*
Markt	*mercato*
Metzgerei	*macelleria*
Haushaltswaren	*negozio di casalinghi*
Lebensmittel	*negozio (generi) di alimentari*
Briefmarke(n)	*francobollo(i)*
für einen Brief/eine Postkarte nach Deutschland/Österreich/in die Schweiz	*per una lettera/cartolina per la Germania/l'Austria/la Svizzera*
Danke, wir haben sehr gut gegessen	*Grazie, abbiamo mangiato molto bene*

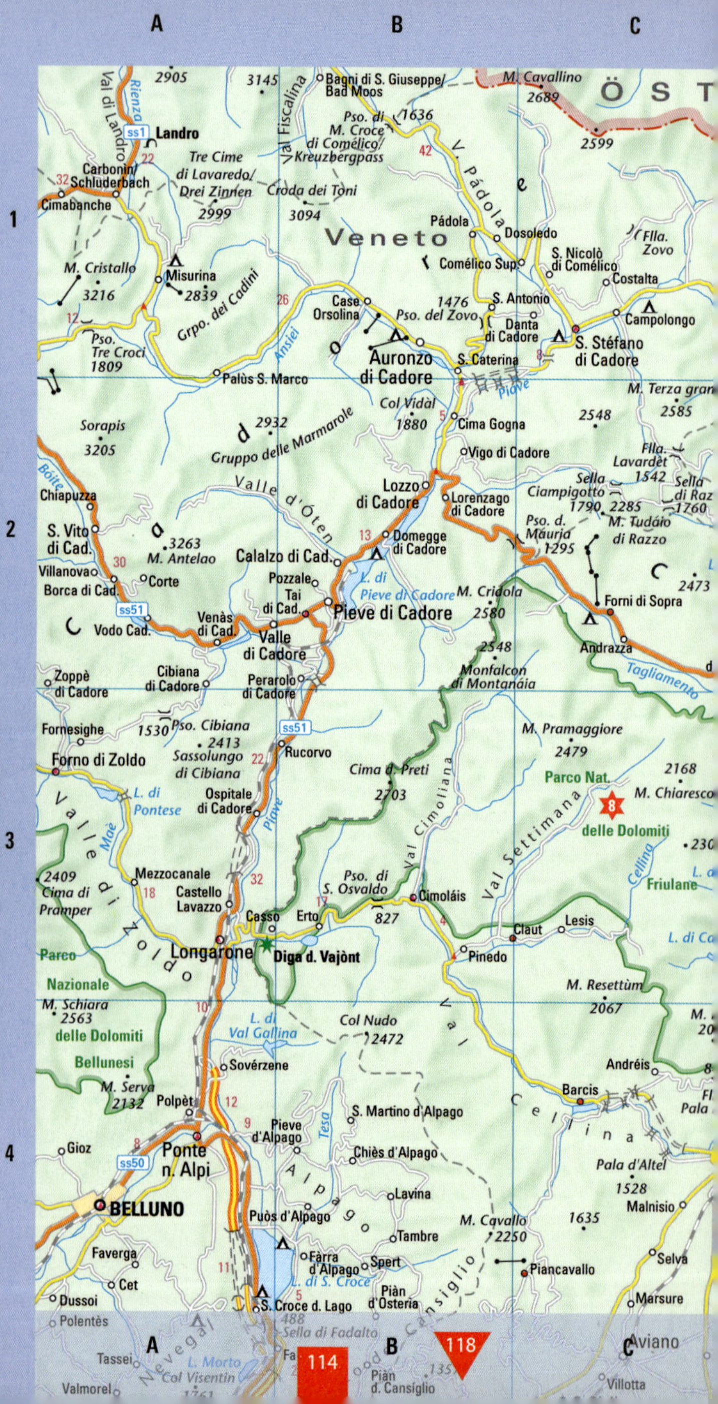
A
B
C
1
2
3
4
ÖST
Veneto
2905
3145
Val di Landro
Rienza
Val Fiscalina
Bagni di S. Giuseppe/
Bad Moos
M. Cavallino
2689
2599
ss1
Landro
Pso. di M. Croce di Comélico/
Kreuzbergpass
1636
42
V. Pádola
Carbonin/
Schluderbach
Tre Cime
di Lavaredo/
Drei Zinnen
2999
Croda dei Toni
3094
Cimabanche
Pádola
Dosoledo
Flla.
Zovo
Comélico Sup.
S. Nicolò
di Comélico
Costalta
M. Cristallo
3216
Misurina
2839
Grpo. dei Cadini
Case
Orsolina
1476
Pso. del Zovo
S. Antonio
Campolongo
Danta
di Cadore
Pso.
Tre Croci
1809
Ansiei
Auronzo
di Cadore
S. Caterina
S. Stéfano
di Cadore
Palùs S. Marco
Piave
M. Terza grande
2585
2548
Col Vidàl
1880
Sorapis
3205
2932
Gruppo delle Marmarole
Cima Gogna
Vigo di Cadore
Flla.
Lavardèt
1542
Boite
Valle d'Óten
Lozzo
di Cadore
Lorenzago
di Cadore
Sella
Ciampigotto
1790
2285
Sella
di Razzo
1760
Chiapuzza
S. Vito
di Cad.
3263
M. Antelao
13
Domegge
di Cadore
Pso. d.
Mauria
1295
M. Tudáio
di Razzo
Calalzo di Cad.
L. di
Pieve di Cadore
M. Cridola
2580
2473
Villanova
Borca di Cad.
30
Corte
Pozzale
Tai
di Cad.
Forni di Sopra
ss51
Vodo Cad.
Venàs
di Cad.
Valle
di Cadore
Pieve di Cadore
2548
Andrazza
Tagliamento
Zoppè
di Cadore
Cibiana
di Cadore
Perarolo
di Cadore
Monfalcon
di Montanàia
Fornesighe
1530
Pso. Cibiana
2413
Sassolungo
di Cibiana
Rucorvo
M. Pramaggiore
2479
Forno di Zoldo
22
Cima d. Preti
2703
Parco Nat.
2168
M. Chiaresco
L. di
Pontese
Ospitale
di Cadore
Val Cimoliana
Val Settimana
8
delle Dolomiti
Valle di Zoldo
Maè
Cellina
Friulane
2409
Cima di
Pramper
Mezzocanale
18
Castello
Lavazzo
32
Pso. di
S. Osvaldo
827
Cimoláis
Casso
Erto
Claut
Lesis
L. di Ca
Parco
Nazionale
Longarone
Diga d. Vajònt
Pinedo
M. Schiara
2563
delle Dolomiti
10
L. di
Val Gallina
Col Nudo
2472
M. Resettùm
2067
Bellunesi
Sovérzene
Val Cellina
Andréis
M. Serva
2132
Polpèt
12
S. Martino d'Alpago
Barcis
9
Pieve
d'Alpago
Tesa
Gioz
Ponte
n. Alpi
Chiès d'Alpago
ss50
Pala d'Altel
1528
Alpago
Lavina
BELLUNO
Puòs d'Alpago
Malnisio
M. Cavallo
2250
1635
Tambre
Faverga
Fàrra
d'Alpago
Spert
Selva
Cet
11
L. di S. Croce
Piancavallo
Cansiglio
Dussoi
S. Croce d. Lago
Piàn
d'Osteria
Marsure
Polentès
488
Sella di Fadalto
Nevegal
Tassei
L. Morto
Col Visentin
Piàn
d. Cansiglio
Aviano
Valmorel
Villotta
114
118

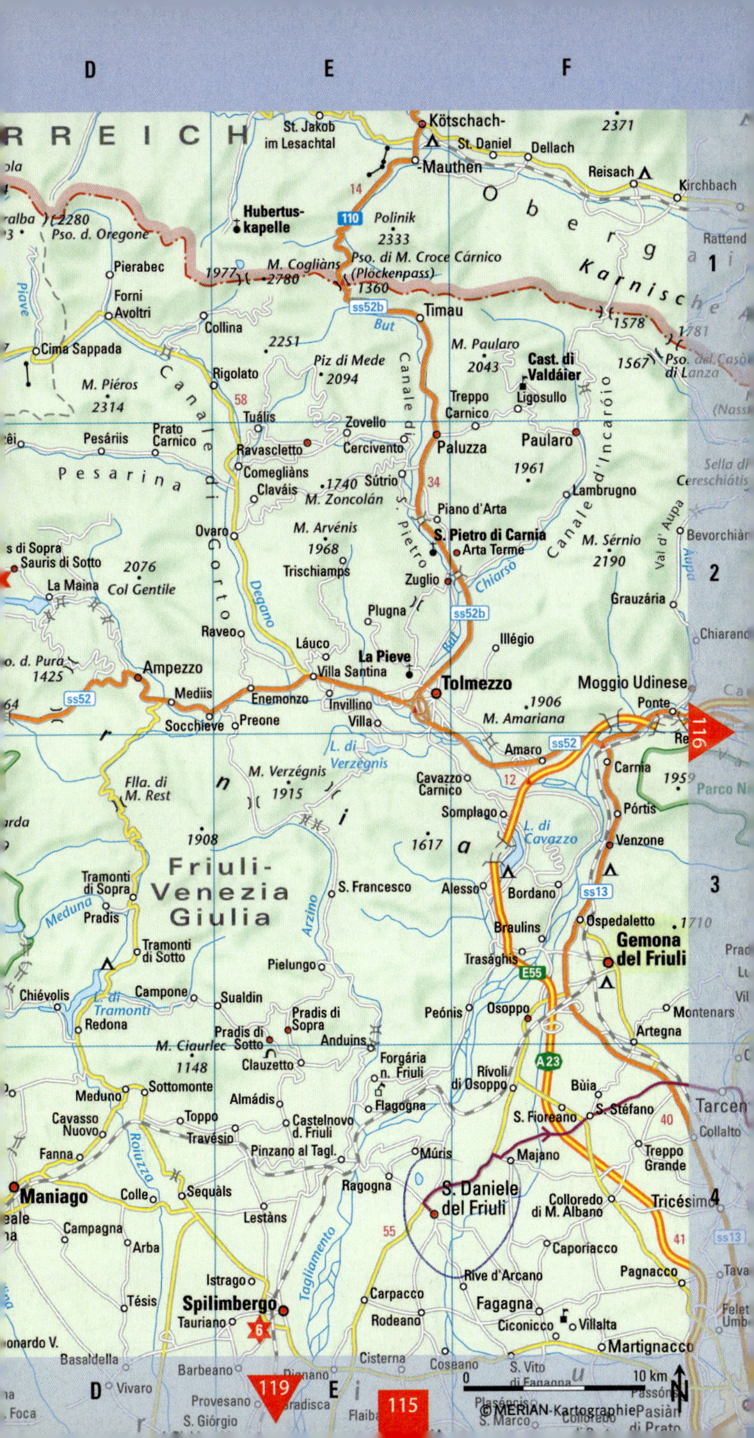
D
E
F
1
2
3
4
Kötschach-
Mauthen
St. Jakob im Lesachtal
St. Daniel
Dellach
Reisach
Kirchbach
2371
Rattend
Hubertus-kapelle
Polinik 2333
110
14
2280
Pso. d. Oregone
Pierabec
M. Cogliàns 2780
1977
Pso. di M. Croce Cárnico (Plöckenpass) 1360
Karnische
1578
1781
1567
Pso. del Casòn di Lanza
Forni Avoltri
Collina
Timau
ss52b
But
Piave
Cima Sappada
2251
M. Paularo 2043
Cast. di Valdáier
Ligosullo
Treppo Carnico
Piz di Mede 2094
M. Piéros 2314
Rigolato
58
Canale di Gorto
Canale di S. Pietro
Canale d'Incaróio
Tuális
Zovello
Cercivento
Paluzza
Paularo
Prato Carnico
Pesáriis
Pesarina
Ravascletto
Comeglians
Claváis
1740
M. Zoncolán
Sútrio
34
1961
Lambrugno
Sella di Cereschiátis
Piano d'Arta
Ovaro
M. Arvénis 1968
S. Pietro di Carnia
Arta Terme
M. Sérnio 2190
Val d'Aupa
Aupa
Bevorchiàn
Sauris di Sopra
Sauris di Sotto
2076
Col Gentile
Trischiamps
Zuglio
Chiarsò
La Maina
Degano
Plugna
ss52b
Grauzária
Raveo
Illégio
Chiarano
Pso. d. Pura 1425
Ampezzo
Láuco
La Pieve
Villa Santina
Tolmezzo
Moggio Udinese
Mediis
Enemonzo
Invillino
1906
M. Amariana
Ponte
ss52
Socchieve
Preone
Villa
116
L. di Verzégnis
Amaro
ss52
Carnia
1959
Parco N
Flla. di M. Rest
M. Verzégnis 1915
Cavazzo Carnico
12
Pórtis
Somplago
L. di Cavazzo
1908
1617
Venzone
Friuli-Venezia Giulia
Tramonti di Sopra
Meduna
Pradis
S. Francesco
Arzino
Alesso
Bordano
ss13
Ospedaletto
1710
Braulins
Gemona del Friuli
Tramonti di Sotto
Pielungo
Trasághis
E55
Chiévolis
Campone
L. di Tramonti
Sualdin
Redona
Pradis di Sopra
Peónis
Osoppo
Montenars
M. Ciaurlec 1148
Pradis di Sotto
Anduins
Artegna
Clauzetto
Forgária n. Friuli
A23
Rívoli di Osoppo
Sottomonte
Meduno
Almádis
Flagogna
Bùia
Cavasso Nuovo
Toppo
Travésio
Castelnovo d. Friuli
S. Fioreano
S. Stéfano
40
Tarcen
Collalto
Fanna
Roiuzza
Pinzano al Tagl.
Múris
Majano
Treppo Grande
Maniago
Colle
Sequàls
Ragogna
S. Daniele del Friuli
Colloredo di M. Albano
Tricésimo
Campagna
Lestàns
55
Arba
Tagliamento
Caporiacco
41
ss13
Istrago
Rive d'Arcano
Pagnacco
Tésis
Spilimbergo
Carpacco
Fagagna
Tauriano
6
Rodeano
Ciconicco
Villalta
Basaldella
Cisterna
Coseano
Martignacco
Barbeano
Dignano
S. Vito di Fagagna
0
10 km
N
Vivaro
119
115
Provesano
Flaibano
Plasencis
Pasian di Prato
S. Giórgio
S. Marco
Colloredo
Passons
© MERIAN-Kartographie

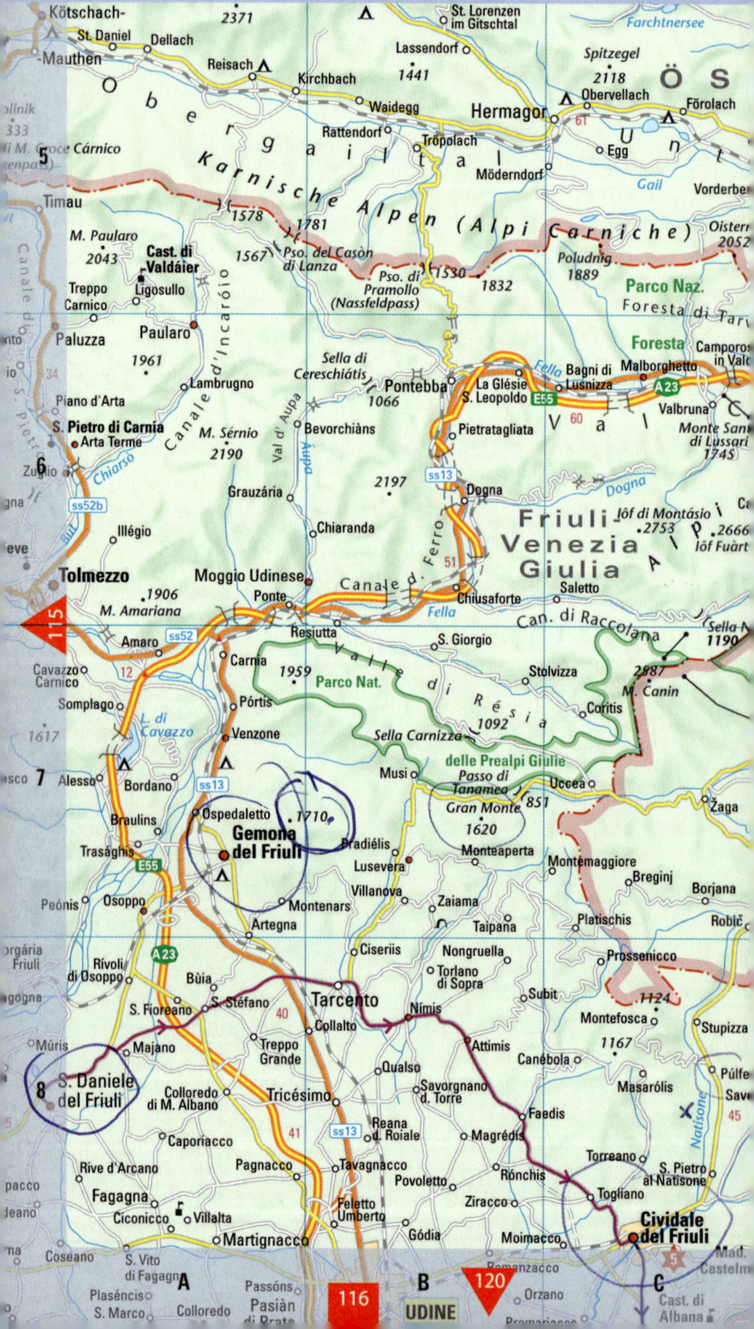

Kötschach-Mauthen
St. Daniel
Dellach
2371
St. Lorenzen im Gitschtal
Farchtnersee
Lassendorf
Reisach
Kirchbach
1441
Spitzegel 2118
Ö S
Obervellach
Förolach
Waidegg
Hermagor
Rattendorf
Tröpolach
Egg
Möderndorf
Gail
Vorderberg
Obergailtal
Karnische Alpen (Alpi Carniche)
M. Croce Cárnico
Timau
1578
1781
Oistern 2052
M. Paularo 2043
Cast. di Valdáier
1567
Pso. del Casòn di Lanza
Pso. di Pramollo (Nassfeldpass)
1530
1832
Poludnig 1889
Parco Naz.
Foresta di Tarvisio
Treppo Carnico
Ligosullo
Paularo
Paluzza
Canale d'Incaróio
Foresta
Camporosso in Valcanale
1961
Sella di Cereschiátis
Pontebba
Fella
Bagni di Lusnizza
Malborghetto
La Glésie
S. Leopoldo
E55
A23
Lambrugno
1066
Piano d'Arta
Valbruna
S. Pietro di Carnia
Arta Terme
M. Sérnio 2190
Val d' Aupa
Bevorchiàns
Aupa
Pietratagliata
Val
60
Monte Santo di Lussari 1745
Zuglio
Chiarso
ss13
2197
Dogna
Dogna
ss52b
Grauzária
Friuli-Venezia Giulia
Iôf di Montásio 2753
2666
Iôf Fuàrt
Alpi
Illégio
Chiaranda
Canale d. Ferro
51
Tolmezzo
Moggio Udinese
Saletto
1906
M. Amariana
Ponte
Canale
Chiusaforte
Fella
Can. di Raccolana
Sella Nevea 1190
Amaro
ss52
Resiutta
S. Giorgio
Cavazzo Carnico
12
Carnia
Valle di Résia
Stolvizza
2587
M. Canin
1959
Parco Nat.
Somplago
Pórtis
Coritis
L. di Cavazzo
1617
Venzone
1092
Sella Carnizza
delle Prealpi Giulie
Alesso
Bordano
Musi
Passo di Tanamea
851
Uccea
Žaga
ss13
Gran Monte 1620
Ospedaletto
1710
Braulins
Gemona del Friuli
Pradiélis
Monteaperta
Trasághis
Lusevera
Montemaggiore
E55
Breginj
Villanova
Borjana
Peónis
Osoppo
Montenars
Zaiama
Robič
Artegna
Taipana
Platischis
Forgária nel Friuli
Ciseriis
Nongruella
Prossenicco
A23
Rívoli di Osoppo
Torlano di Sopra
Bùia
Subit
Tarcento
1124
S. Fioreano
S. Stéfano
40
Nímis
Montefosca
Stupizza
Collalto
Múris
Majano
Treppo Grande
Attimis
1167
Canébola
Qualso
Pùlfero
S. Daniele del Friuli
Colloredo di M. Albano
Tricésimo
Savorgnano d. Torre
Masarólis
Faedis
Natisone
45
Reana d. Roiale
ss13
41
Caporiacco
Magrédis
Torreano
Rive d'Arcano
Pagnacco
Tavagnacco
Povoletto
Rónchis
S. Pietro al Natisone
Fagagna
Tògliano
Ziracco
Feletto Umberto
Ciconicco
Villalta
Cividale del Friuli
Martignacco
Gódia
Moimacco
Coseano
S. Vito di Fagagna
Remanzacco
Mad. di Castelmonte
Orzano
Plasèncis
Passóns
Pasiàn di Prato
UDINE
Cast. di Albana
S. Marco
Colloredo
Premariacco

115
116
120

D E F

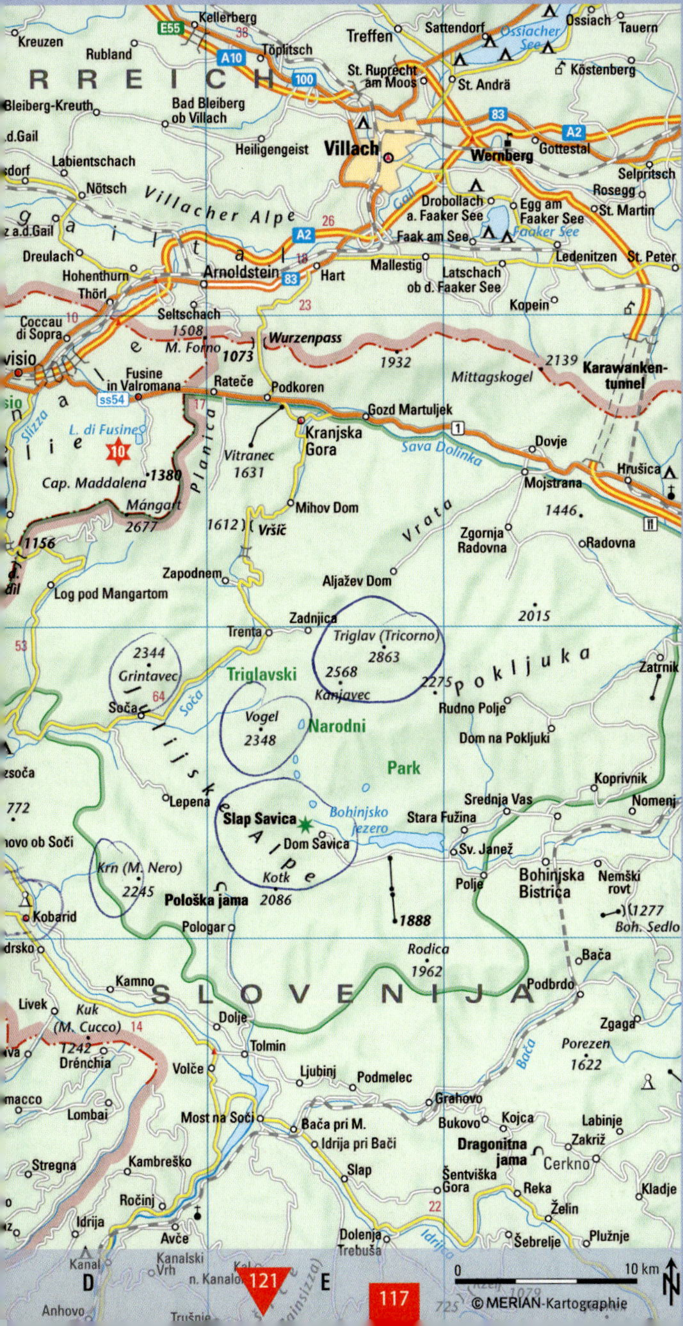

5
6
7
8

D E

121

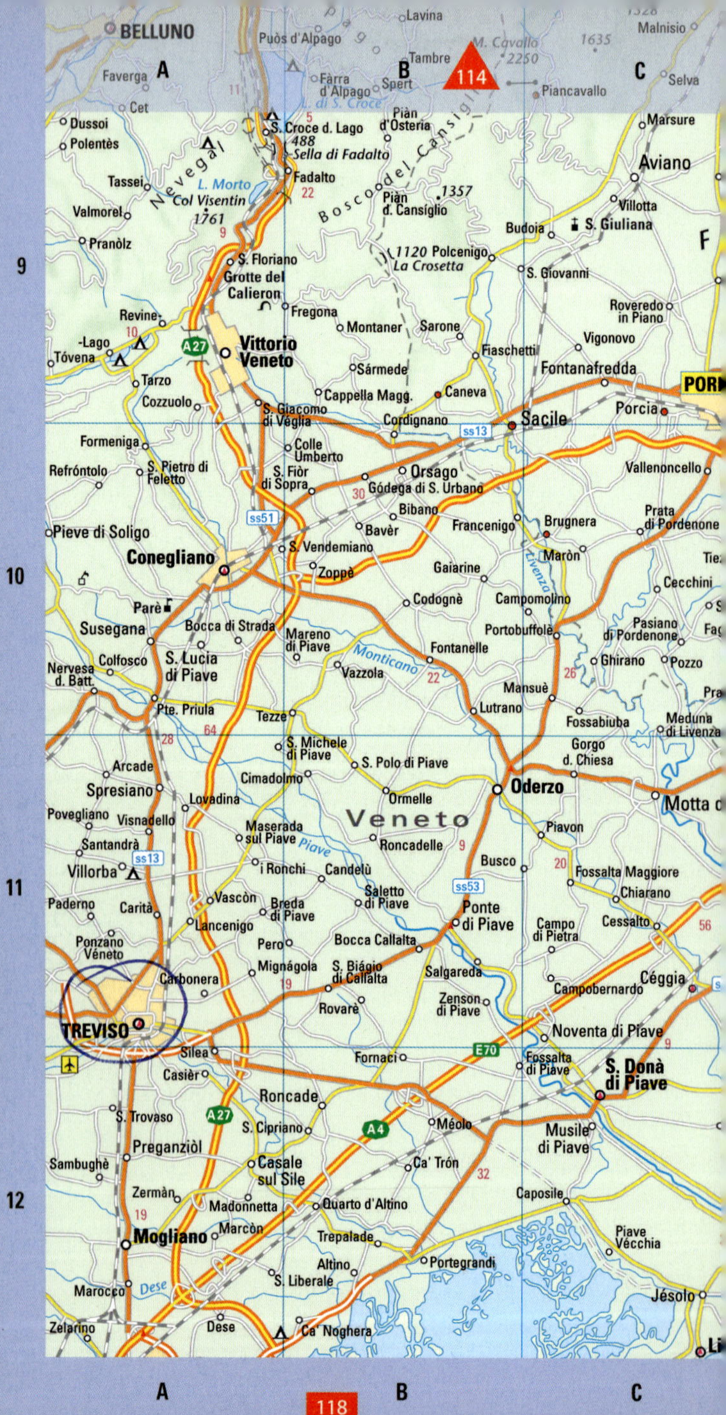
BELLUNO
Lavina
Puòs d'Alpago
Malnisio
Tambre
M. Cavallo
2250
1635
114
Faverga
A
B
C
Fàrra d'Alpago
Spert
Piancavallo
Selva
L. di S. Croce
Cet
Dussoi
Polentès
S. Croce d. Lago
488
Sella di Fadalto
Piàn d'Osteria
Marsure
Nevegal
Bosco del Cansiglio
Aviano
Tassei
L. Morto
Col Visentin
1761
Fadalto
Piàn d. Cansìglio
1357
Villotta
Valmorel
Budoia
S. Giuliana
Pranòlz
F
9
S. Floriano
1120 Polcenigo
La Crosetta
S. Giovanni
Grotte del Calieron
Fregona
Roveredo in Piano
Revine
Montaner
Sarone
-Lago
Tóvena
A27
Vittorio Veneto
Vigonovo
Fiaschetti
Tarzo
Sàrmede
Fontanafredda
Cozzuolo
Cappella Magg.
Caneva
POR
S. Giacomo di Véglia
Cordignano
Sacile
Porcia
ss13
Formeniga
Colle Umberto
Refróntolo
S. Pietro di Feletto
S. Fiòr di Sopra
Orsago
Vallenoncello
Gódega di S. Urbano
ss51
Bibano
Prata di Pordenone
Pieve di Soligo
Bavèr
Francenigo
Brugnera
S. Vendemiano
10
Conegliano
Zoppè
Gaiarine
Maròn
Livenza
Cecchini
Codognè
Campomolino
Parè
Susegana
Bocca di Strada
Mareno di Piave
Portobuffolè
Pasiano di Pordenone
Monticano
Fontanelle
Nervesa d. Batt.
Colfosco
S. Lucia di Piave
Vazzola
Ghirano
Pozzo
Mansuè
Pte. Priula
Tezze
Lutrano
Fossabiuba
Meduna di Livenza
S. Michele di Piave
Gorgo d. Chiesa
Arcade
S. Polo di Piave
Spresiano
Cimadolmo
Oderzo
Ormelle
Motta d
Lovadina
Poveglianо
Visnadello
Veneto
Piavon
Maserada sul Piave
Piave
Roncadelle
Santandrà
Busco
Villorba
ss13
i Ronchi
Candelù
Fossalta Maggiore
11
Vascòn
Saletto di Piave
ss53
Chiarano
Paderno
Carità
Breda di Piave
Ponte di Piave
Campo di Pietra
Cessalto
Lancenigo
Ponzano Véneto
Pero
Bocca Callalta
Mignàgola
S. Biàgio di Callalta
Salgareda
Céggia
Carbonera
Campobernardo
Zenson di Piave
Rovarè
TREVISO
Noventa di Piave
Silea
Fornaci
E70
Fossalta di Piave
S. Donà di Piave
Casièr
Roncade
S. Trovaso
A27
A4
Méolo
S. Cipriano
Musile di Piave
Preganziòl
Sambughè
Casale sul Sile
Ca' Tròn
12
Zermàn
Caposile
Madonnetta
Quarto d'Altino
Mogliano
Marcòn
Trepalade
Piave Vécchia
Altino
Portegrandi
S. Liberale
Marocco
Dese
Jésolo
Zelarino
Dese
Ca' Noghera
Li

118

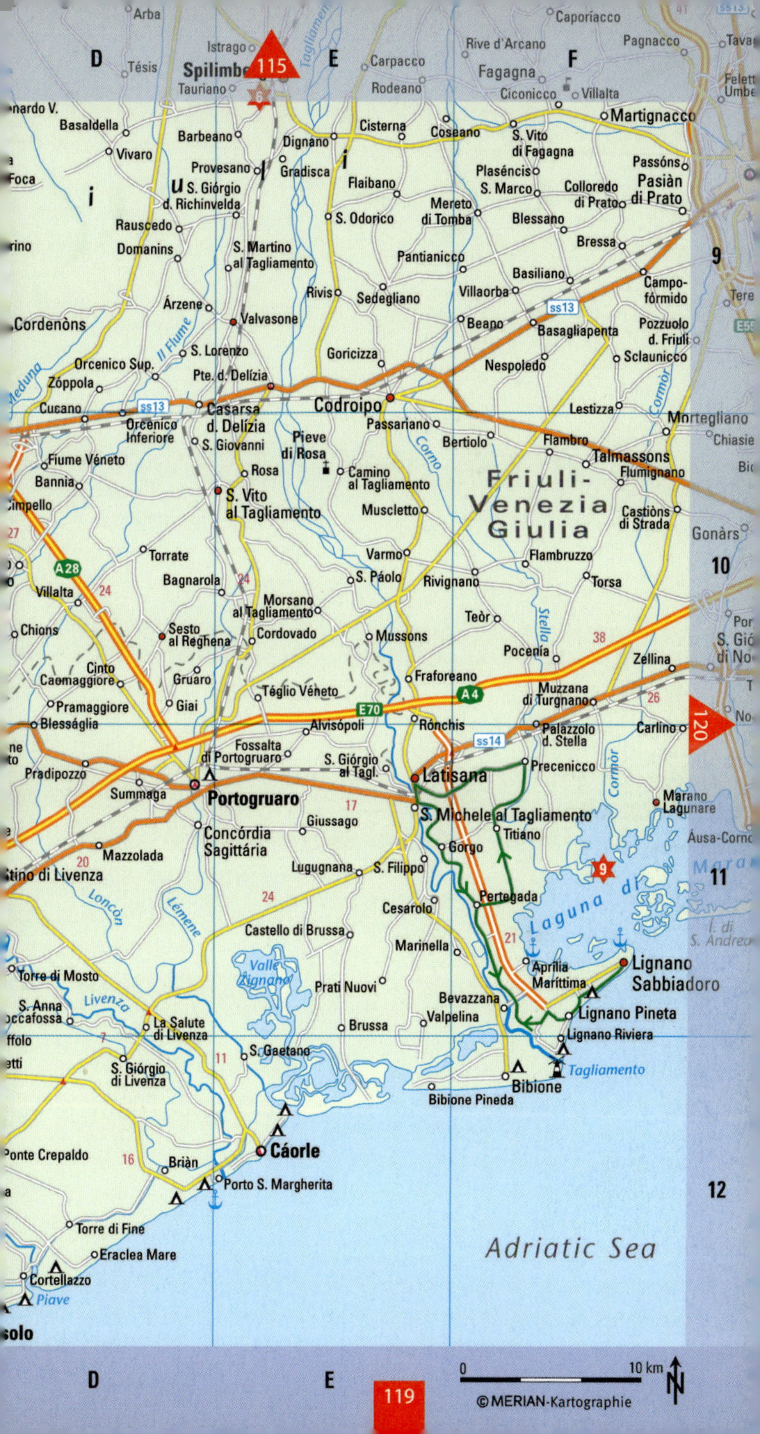
D
E
F
115
119
120
9
10
11
12
Arba
Istrago
Tésis
Spilimbergo
Tauriano
Tagliamento
Carpacco
Rodeano
Rive d'Arcano
Fagagna
Ciconicco
Villalta
Caporiacco
Pagnacco
Martignacco
Basaldella
Vivaro
Barbeano
Dignano
Cisterna
Coseano
S. Vito di Fagagna
Provesano
Gradisca
Plasèncis
Passòns
S. Giórgio d. Richinvelda
Flaibano
S. Marco
Colloredo di Prato
Pasiàn di Prato
S. Odorico
Mereto di Tomba
Blessano
Rauscedo
Domanins
S. Martino al Tagliamento
Pantianicco
Bressa
Basiliano
Campo-fórmido
Rivis
Sedegliano
Villaorba
Árzene
Valvasone
Beano
Basagliapenta
Pozzuolo d. Friuli
Cordenòns
S. Lorenzo
Il Flume
Sclaunicco
Orcenico Sup.
Goricizza
Nespoledo
Zóppola
Pte. d. Delízia
Meduna
Cusano
Orcenico Inferiore
Casarsa d. Delízia
Codroipo
Lestizza
Mortegliano
S. Giovanni
Pieve di Rosa
Passariano
Bertiolo
Flambro
Chiasie
Fiume Véneto
Rosa
Camino al Tagliamento
Corno
Talmassons
Flumignano
Bannia
S. Vito al Tagliamento
Friuli-Venezia Giulia
Cimpello
Muscletto
Castiòns di Strada
Gonàrs
Torrate
Varmo
Flambruzzo
A 28
Villalta
Bagnarola
S. Páolo
Rivignano
Torsa
Morsano al Tagliamento
Chions
Sesto al Reghena
Cordovado
Teòr
Mussons
Stella
Pocenia
Zellina
Cinto Caomaggiore
Gruaro
Fraforeano
Muzzana di Turgnano
Pramaggiore
Giai
Téglio Véneto
A 4
E 70
Blesságlia
Alvisópoli
Rònchis
Palazzolo d. Stella
Carlino
ss13
ss14
Fossalta di Portogruaro
Pradipozzo
S. Giórgio al Tagl.
Precenicco
Summaga
Portogruaro
Latisana
Cormòr
Marano Lagunare
Concórdia Sagittária
Giussago
S. Michele al Tagliamento
Titiano
Áusa-Corno
Mazzolada
Gorgo
Lugugnana
S. Filippo
Loncòn
Lémene
Pertegada
Laguna di Marano
Cesarolo
Castello di Brussa
Marinella
Aprilia Marittima
Lignano Sabbiadoro
Torre di Mosto
Valle Zignago
Prati Nuovi
Livenza
Bevazzana
Lignano Pineta
S. Anna
Valpelina
Lignano Riviera
La Salute di Livenza
Brussa
S. Gaetano
Tagliamento
S. Giórgio di Livenza
Bibione
Bibione Pineda
Cáorle
Ponte Crepaldo
Briàn
Porto S. Margherita
Torre di Fine
Eraclea Mare
Cortellazzo
Piave
Adriatic Sea
0
10 km
N
©MERIAN-Kartographie

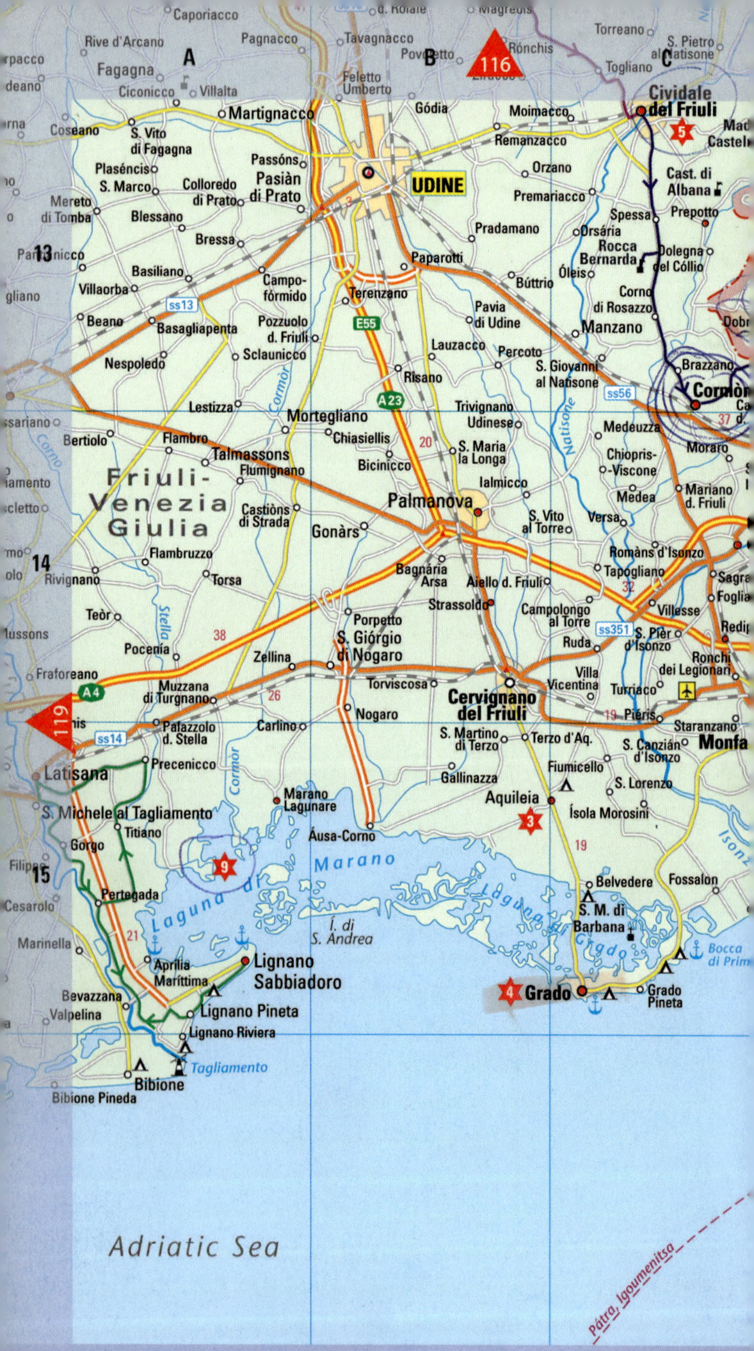
Caporiacco
Rive d'Arcano
Pagnacco
Tavagnacco
Torreano
S. Pietro al Natisone
Fagagna
Povoletto
116
Rónchis
Togliano
Ciconicco
Villalta
Feletto Umberto
Cividale del Friuli
Coseano
S. Vito di Fagagna
Martignacco
Gódia
Moimacco
Remanzacco
Passóns
Pasiàn di Prato
UDINE
Orzano
Cast. di Albana
Plasénciso
S. Marco
Colloredo di Prato
Premariacco
Prepotto
Mereto di Tomba
Blessano
Spessa
Pradamano
Orsária
Rocca Bernarda
Dolegna del Cóllio
Bressa
13
Basiliano
Paparotti
Villaorba
Campo-fórmido
Óleis
Búttrio
Corno di Rosazzo
ss13
Terenzano
Pavia di Udine
Beano
Basagliapenta
Pozzuolo d. Friuli
E55
Manzano
Sclaunicco
Lauzacco
Percoto
Nespoledo
Risano
S. Giovanni al Natisone
Brazzano
ss56
Cormòns
Lestizza
Cormôr
A23
Trivignano Udinese
Mortegliano
Medeuzza
Bertiolo
Flambro
Chiasiellis
Natisone
Moraro
Talmassons
Flumignano
S. Maria la Longa
Chiopris-Viscone
Friuli-Venezia Giulia
Bicinicco
Ialmicco
Mariano d. Friuli
Medea
Castións di Strada
Palmanova
Gonàrs
S. Vito al Torre
Versa
Romàns d'Isonzo
14
Flambruzzo
Tapogliano
Rivignano
Torsa
Bagnária Arsa
Aiello d. Friuli
Sagrado
Strassoldo
Villesse
Teòr
Stella
Porpetto
Campolongo al Torre
S. Giórgio di Nogaro
ss351
S. Pier d'Isonzo
Pocenía
Ruda
Zellina
Ronchi dei Legionari
Fraforeano
Villa Vicentina
Muzzana di Turgnano
Torviscosa
Turriaco
A4
Cervignano del Friuli
Nogaro
Pieris
119
Palazzolo d. Stella
Carlino
S. Martino di Terzo
Terzo d'Aq.
Staranzano
ss14
Monfalcone
S. Canzián d'Isonzo
Precenicco
Fiumicello
Latisana
Gallinazza
S. Lorenzo
Marano Lagunare
Aquileia
S. Michele al Tagliamento
Ísola Morosini
Titiano
Áusa-Corno
Gorgo
Marano
15
Belvedere
Fossalon
Pertegada
Laguna di Marano
S. M. di Barbana
Cesarolo
Laguna di Grado
Í. di S. Andrea
Marinella
Bocca di Primero
Aprilia Maríttima
Lignano Sabbiadoro
Bevazzana
Grado
Grado Pineta
Valpelina
Lignano Pineta
Lignano Riviera
Tagliamento
Bibione
Bibione Pineda
Adriatic Sea
Pátra, Igoumenitsa
A
B
C

117
D
E
F
13
14
15
16
Idrija pri Bači
Dragonitna jama
Zakriž
Cerkno
Stregna
Kambreško
Slap
Šentviška Gora
Reka
Kladje
Ročinj
Želin
Idrija
Avče
Kanal
Kanalski Vrh
Kal
n. Kanalom
Dolenja Trebuša
Idrijca
Šebrelje
Plužnje
Rzelj 1079
725
Jelenek 1107
Anhovo
Trušnje
Banjšice
(Altopiano di Bainsizza)
Čepovanska Dolina
Čepovan
Bate
Plave
Gornij Trebuša
Sp. Kanomlja
Sp. Idrija
Sr. Kanomlja
924
Skalnica (M. Santo) 682
Soča (Isonzo)
Lokve
Zavrh
Mrzle Rupa
Idrija
Kojsko
Britof
Trnovski Gozd
(Selva di Tarnova)
Krekovsce
609
M. Sabotino
Solkan
Oslavia
Trnovo
Idrijska Bela
1067
Predmeja
GORIZIA
Nova Gorica
10/5
Ajševica
Ozeljan
Zadlog
Vrh Rob 1237
1306
1128
S. Andrea
Šempas
27
SLOVENIJA
Vrtojba
Črniče
Strmec 852
Volčja Draga
Savogna d'Isonzo
Lokavec
Gozd
Miren
Prvačina
Selo
Ajdovščina
Col
Višnje
Renče
Vipava (Vipacco)
Dornberk
Vel. Žablje
Vrhpolje
Opatje Selo
Branik
Branica
Vipava (Vipacco)
Lipa
Kostanjevica
Gabrije
Vipava
10/5
Kras
Kobjeglava
Štanjel
Manče
Nanos
Brestovica
Ivanji Grad
Komen
Gorjansko
Podnanos
S Giovanni di Duino
Štjak
Málchina
Brje
12
Vrabce
621
Lozice
Pliskovica
Veliko Polje
Dobrovlje
Duino Aurisina
Sistiana
Dutovlje
Tomaj
Aurisina
Golfo di Panzano
Križ
Sgonico
Štorje
Dolenja vas
S. Croce
Voglje
10/6
E61
Carso
16
Senadole
18
Borgo Grotta Gigante
Monrupino
E70
Gabrk
Gabriče
Grignano
Fernetti
Sežana
Prosecco-Contovello
Tabor
Cast. di Miramare
ss58
Bárcola
Villa Opicina
Lipica
Golfo di Trieste
TRIEST (TRIESTE)
Padriciano
Lokev
Kačiče-Pared
Basovizza
Pesek di Grozzana
ss14
Bagnoli di Rosandra
Rodik
Kozina
Muggia
Slope
Aquilínia
S. Dorligo d. Valle
Hrpelje
Debeli rtič
S. Bartolomeo
Caresana
22
Kastelec
Koprski zaliv
Rabuiese
Materija
Škofije
10
Petrinje
Ankaran
Skadanščina
Koper
Dekani
Črni Kal
Slavnik 1028
Izola
Podgorje
Podgorski Kras
Pobegi
Strunjan
E751
Sveti Anton
Kubed
Portorož
Hrastovlje
Marezige
D
E
121
0
10 km
N
© MERIAN-Kartographie

Kartenregister

Orts- und Sachregister

Hier finden Sie alphabetisch aufgeführt alle in diesem Band beschriebenen Orte und Ziele, Routen und Touren. Bei einzelnen Sehenswürdigkeiten steht jeweils der dazugehörige Ort in Klammern, bei Hotels steht zusätzlich die Abkürzung H für Hotel. Außerdem enthält das Register wichtige Stichworte sowie alle MERIAN-Tipps und Extras dieses Reiseführers. Wird ein Begriff mehrfach aufgeführt, verweist die **fett** gedruckte Zahl auf die Hauptnennung im Band.

Impressum

Liebe Leserinnen und Leser,

Sie haben die Neuausgabe 2002 von MERIAN live! vor sich, die von unserem Autor vor Ort recherchiert wurde. Wir freuen uns, Ihre Meinung zu diesem Reiseführer zu erfahren. Bitte schreiben Sie uns, wenn Sie Berichtigungen und Ergänzungsvorschläge haben oder Ihnen etwas besonders gut gefällt.

Gräfe und Unzer Verlag, Reiseredaktion, Postfach 86 03 66, 81630 München
E-Mail: merian-live@graefe-und-unzer.de

Alle Angaben in diesem Reiseführer sind gewissenhaft geprüft. Preise, Öffnungszeiten usw. können sich aber schnell ändern. Für eventuelle Fehler übernimmt der Verlag keine Haftung.

Redaktion: Marion Schwenninger
Kartenredaktion:
Reinhard Piontkowski,
Beate Jankowski

**Bei Interesse an Karten aus MERIAN-Reiseführern schreiben Sie bitte an: iPUBLISH, geomatics, Berg-am-Laim-Straße 47, 81673 München.
E-Mail: geomatics@ipublish.de**

Gestaltung: Ludwig Kaiser
Karten: MERIAN-Kartographie
Produktion: Maike Harmeier
Satz: H3A GmbH, München
Druck und Bindung:
Stürtz AG, Würzburg

Alle Fotos von Feldhoff & Martin, außer:
R. Celentano/laif 2, 10/11, 14/15, 29 o

ISBN 3-7742-0715-1

Gedruckt auf Primabulk von Papier Union.

Auflage 5. 4. 3. 2. 1.